だれにでもわかる鬼コーチの英語講義

ゼロからスタート英文法

TOEIC® TEST990点満点取得者
安河内　哲也
Yasukochi　Tetsuya

Jリサーチ出版

はじめに

みなさん、こんにちは。英語講師の安河内哲也です。

この本を通じて、ゼロからもういちど英文法のおさらいをしていきます。
中学や高校で英語が苦手だった人も、これから英語の勉強を始める人も、難しい用語の連続で挫折した人も、TOEICテストの準備をしている人も、全員集合ですよ。
燃える英語講師、鬼コーチ安コーチが、皆さんがひっかかりそうなポイントを、ひとつひとつていねいに解説しました。
肩の力をぬいて、楽しく英語を学んでみませんか？

「英文法」と言うと何か「受験英語」の代名詞のようで、「役に立たない」と勘違いしてしまう人も多いのですが、実は、英語を読んだり、書いたり、話したり、聞いたりする上で、基礎的な英文法は絶対に必要なのです。

いくらたくさん単語や表現を暗記しても、どういう順番で並べて使うのかがわかっていないと、きちんとした会話をしたり、メールや手紙を書いたりはできませんよね。
また、英語を読んだり聞いたりするときも、断片的に単語をつまむだけでは、いつまでたっても、正確にはイイタイコトがわかりませんね。
基礎的な英文法を学習すれば、今まで疑問に思っていたことがスーッとわかるようになり、英語の勉強がズーッと楽になること請け合いですよ。

これから1週間ほど、この本を片手に私の英文法講義におつきあいください。

安河内 哲也

本書の利用法

本書は英文法をゼロから学習するために作成された1冊です。ぜんぶで10のセクション、52のUNITで構成され、鬼コーチ安コーチこと、安河内先生の講義スタイルで楽しく学習が進められるようになっています。

UNITの学習法

●例文
重要な文法項目を組み込んだ例文です。何度も音読して、しっかり覚えてしまいましょう。CDにも収録されています。

> **耳から総復習！**
> CDには例文のほか、解説のポイントが収録されています。
> 聞くだけで総復習ができるCDです。

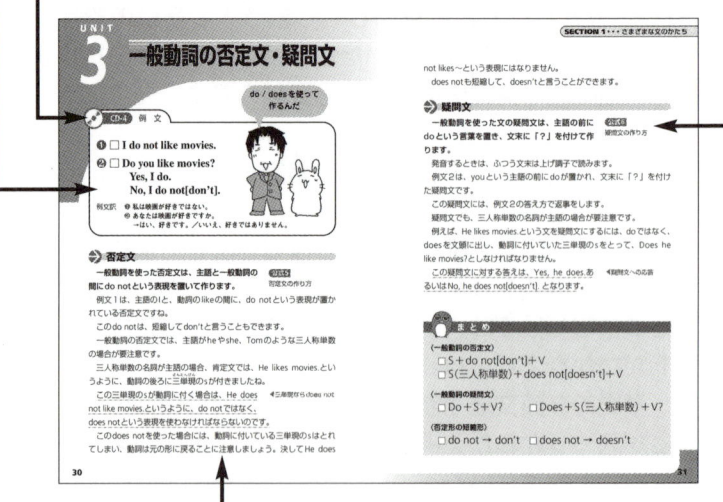

●講義
「楽しく、わかりやすく」をモットーにした解説です。
英文法の基礎がはっきりくっきりわかります。

●公式
重要ポイントです。特にしっかり理解しましょう。
巻末（→190ページ）に一覧が収録されています。

●まとめ
文法項目の図解や知識のまとめのコーナーです。整理してアタマに入れておきましょう。

> **まとめ**
> 〈一般動詞の否定文〉
> □ S＋do not[don't]＋V
> □ S(三人称単数)＋does not[doesn't]＋V
> 〈一般動詞の疑問文〉
> □ Do＋S＋V?　　　□ Does＋S(三人称単数)＋V?
> 〈否定形の短縮形〉
> □ do not → don't　　□ does not → doesn't

かんたん10分エクササイズ

各セクションで学んだ文法知識を使って作文をしてみましょう。文法を会話やライティングに生かす応用力が身につきます。

●問題
必ず自分で書いてみましょう。各設問にヒントとキーワードが紹介されています。

●正解と解説
正解の英文には、文の構造を示してあります。CDにも収録されているので、何度も聞いて、声に出して、覚えてしまいましょう。

> **かんたん10分エクササイズ** ─ 簡単な英文をつくってみましょう!
>
> □ 1　私があなたの上司です。
> ────────────────
> ●動詞はbe動詞を使います。(your boss)
>
> □ 2　彼女は毎朝8時に出勤します。
> ────────────────
> ●「毎朝」はevery morning、「8時に」はat eightですが、語順に注意しましょう。英語では狭い範囲から先に書きます。(come to the office)

英文法公式120

UNITで学習した英文法のエッセンスをまとめたものです。復習のため、知識の確認のために利用しましょう。

不規則動詞100選

活用が不規則な必須動詞をまとめました。それぞれ、意味のほか、「原形─過去形─過去分詞形」を示してあります。

CONTENTS

本書の利用法 4

INTRODUCTION
文法の基礎をもう一度 11
- どんな品詞があるの？ 12
- 基本的な文法用語を知っておこう 18
- 代名詞を覚えておこう 22

Section 1　さまざまな文のかたち 25

UNIT 1　be動詞と一般動詞の区別
主語によって動詞の形が変わる　　　　　26

UNIT 2　be動詞の否定文・疑問文
notを付けたり、主語の前に出すだけだ　　28

UNIT 3　一般動詞の否定文・疑問文
do/doesを使って作る　　　　　　　　　30

UNIT 4　疑問詞を使った疑問文
具体的な情報を聞きたいときに使おう　　32

UNIT 5　付加疑問文
「ですね」と念を押したいときなどに使う　34

UNIT 6　命令文
動詞の原形で始めればいい　　　　　　　36

◆かんたん10分エクササイズ 38

Section 2　時制と時間表現 43

UNIT 7　be動詞の過去形
「だった」と言いたいときに使おう　44

UNIT 8　一般動詞の過去形
動詞の変化には規則と不規則がある　46

UNIT 9　一般動詞の過去形の否定文・疑問文
didというのはdoの過去形である　48

UNIT 10　未来形
未来形には2つの作り方がある　50

UNIT 11　副詞節の中の未来は現在形
未来のことなのに未来形が使えないこともある　52

UNIT 12　進行形
一時的な動作・状態を表すときはこの形だ　54

◆かんたん10分エクササイズ 56

Section 3　完了形と助動詞 61

UNIT 13　現在完了形
現在に視点がある表現。過去形との違いに注意しよう　62

UNIT 14　現在完了形の否定文・疑問文
否定文も疑問文も作り方は簡単！　64

UNIT 15　過去完了形と未来完了形
過去完了は過去の時点までに完了していることを表す　66

UNIT 16　助動詞の使い方
助動詞の後ろの動詞は必ず原形になる　68

UNIT 17　過去を推察する助動詞表現
慣用句として覚えておくと便利だ　70

◆かんたん10分エクササイズ 72

CONTENTS

Section 4　文型のポイントと受動態 77

UNIT 18　自動詞と他動詞
文型を見分けるには、動詞の種類を考えよう　78

UNIT 19　まぎらわしい他動詞と自動詞
よく使う動詞を覚えておこう　80

UNIT 20　第2文型と第5文型
イコールの関係をつかむと、第2・第5文型はよくわかる　82

UNIT 21　受動態の作り方
目的語と主語が逆転するのが受動態だ　84

◆かんたん10分エクササイズ 86

Section 5　不定詞と動名詞 91

UNIT 22　不定詞の名詞的用法
名詞と同じ働きをする　92

UNIT 23　不定詞の形容詞的用法
不定詞が形容詞のように名詞にかかることに注目！　94

UNIT 24　不定詞の副詞的用法
副詞と同じ働きをする　96

UNIT 25　原形不定詞
動詞といっしょに用法を覚えてしまおう　98

UNIT 26　動名詞の使い方
動名詞は名詞と同じ働きをする　100

UNIT 27　完了不定詞と完了動名詞
完了形have＋Vppを使うのがポイント　102

◆かんたん10分エクササイズ 104

Section 6　分詞と分詞構文 109

UNIT 28　現在分詞と過去分詞
前から修飾するものと後ろから修飾するものがある　110

UNIT 29　付帯状況のwith
分詞を現在分詞にするか過去分詞するかがポイント　112

UNIT 30　分詞構文の基本
分詞構文は副詞の役割をする　114

UNIT 31　受動分詞構文
分詞構文は受け身にもできる　116

◆かんたん10分エクササイズ 118

Section 7　関係詞 123

UNIT 32　関係代名詞の主格
関係代名詞の主格は後の動詞の主語だ　124

UNIT 33　関係代名詞の所有格
whoseの後ろに先行詞の所有物がくる　126

UNIT 34　関係代名詞の目的格
目的格は省略されていることも多い　128

UNIT 35　基本的な関係副詞
関係副詞の直後は完全な文になる　130

UNIT 36　前置詞＋関係代名詞
関係副詞と関係代名詞の違いをしっかり覚えよう　132

UNIT 37　関係詞の非制限用法
関係詞が前の文全体を受けることがある　134

UNIT 38　関係代名詞のwhat
whatはthe thing(s) whichを1語で表す言葉だ　136

UNIT 39　-everの構文
関係詞や疑問詞に-everを付けるとどうなるか　138

◆かんたん10分エクササイズ 140

Section 8　仮定法 145

UNIT 40　仮定法の基本
仮定法は基本形をしっかり覚えれば大丈夫！　146

UNIT 41　仮定法未来
未来のことも仮定できる　148

UNIT 42　I wishとas if
仮定法でありえない願望も表せる　150

UNIT 43　「ないならば」公式
withoutはif節の代わりに使える　152

◆かんたん10分エクササイズ 154

Section 9 形容詞と比較 159

UNIT 44　限定用法と叙述用法
形容詞には2つの用法がある　　　160

UNIT 45　比較級
2つの物を比べるときの表現　　　162

UNIT 46　最上級
「一番…だ」というときの表現　　　164

UNIT 47　同等比較
2つの物が同等であることを示すには？　　　166

◆かんたん10分エクササイズ 168

Section 10 接続詞とその他重要事項 173

UNIT 48　等位接続詞と従位接続詞
2つの種類の用法をしっかり覚えよう　　　174

UNIT 49　前置詞
イメージで覚えておくと応用が利く　　　178

UNIT 50　不可算名詞
数えられるか数えられないか──それが問題だ　　　180

UNIT 51　another と the other
用法の違いを理解しておこう　　　182

UNIT 52　感嘆文
「なんと…だろう」と驚きを表現する　　　184

◆かんたん10分エクササイズ 186

英文法公式120 190
不規則動詞100選 200

INTRODUCTION
文法の基礎をもう一度

さあ、それではさっそく文法レクチャーを始めましょう。
みなさんは文法の基礎をどれくらい覚えているでしょうか。
まずすべての学習の基礎になる知識をおさらいしておきましょう。
「品詞の種類」、「よく使う文法用語」、「代名詞」について
簡単に見ていきます。基本的なものばかりなので、
自分の知らないものを復習するつもりで読んでいきましょう。

- ●どんな品詞があるの？
- ●基本的な文法用語を知っておこう
- ●代名詞を覚えておこう

どんな品詞があるの？

　英文法を学ぶには、まず、英文を構成するそれぞれの要素である「品詞」がわかっていなければいけません。
　「そこまで基礎から？」と思うかもしれませんが、「品詞が何か」ということがわからないまま英文法の勉強をしても、あいまいな理解のままに終わってしまいます。
　そこで、英文法の勉強に入る前に、今から品詞を１つひとつていねいに押さえていくことにしましょう。

→ 名詞

　名詞というのは、「ものの名前を表す」言葉です。
　この名詞には、２種類あり、１つは「可算名詞」、もう１つは「不可算名詞」です。
　可算名詞とは、数えられる名詞のことです。この可算名詞には、ふつう、１つ（単数形）の場合はaという言葉が付き、複数形の場合、たくさんものがある場合、sという文字が最後に付きます。このsのことを「複数形のs」と言います。そして、aのことを「冠詞」と言います。
　不可算名詞とは、水とかミルクとかチーズのように、数えられない名詞のことです。この不可算名詞には、aやsを付けることはできません。辞書などで、可算名詞はC（countableの略）、不可算名詞はU（uncountableの略）という記号で表します。

☐ cat　　　ネコ (C)
☐ water　　水 (U)

INTRODUCTION ｜ 文法の基礎をもう一度

 冠詞

　冠詞とは、「名詞の前に置かれている、a、an、theのこと」を言います。
　aやanは「他にもたくさんあるけれど1つ」という場合に使われ、後に続く名詞の最初の音が母音の場合にanを使います。
　theは「それしかない」、「例の」という場合に使われます。

- ☐ a cat　　　1匹のネコ
- ☐ an apple　1個のリンゴ
- ☐ the desk　その机

 動詞

　　　　　動詞とは、「ものの動きや状態を表す」言葉です。
　動詞には、「be動詞」と「一般動詞」の2種類があります。
　be動詞は、イコールの働きをして、「である」といった意味を表し、一般動詞は、「走る」「泳ぐ」といった具体的な動作や状態を表します。

- ☐ is　　　　である
- ☐ run　　　走る

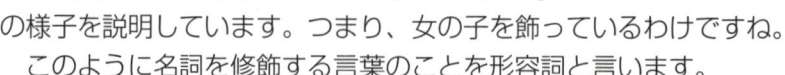

形容詞

形容詞は、「名詞を飾る」言葉です。

　例えば、a beautiful girl（美しい女の子）という表現では、beautiful という言葉が、女の子の様子を説明しています。つまり、女の子を飾っているわけですね。
　このように名詞を修飾する言葉のことを形容詞と言います。

- [ ] beautiful　　美しい
- [ ] bitter　　　苦い

副詞

　形容詞との区別がまぎらわしいのが副詞ですが、**副詞は「名詞以外のさまざまなものを修飾することができる」言葉です。つまり、副詞は、動詞や形容詞や文全体を修飾することができる言葉なのです。**

　例えば、He runs fast.（彼は速く走る）という文では、fastという副詞は、どの言葉を飾っているでしょうか。「速く→彼」ではなく、「速く→走る」というように、動詞のrunsを飾っていますね。
　このように動詞を修飾する言葉は、形容詞ではなくて、副詞なのです。もう1つ例を見てみましょう。
　She is a very beautiful girl.（彼女はとても美しい女の子だ）という文で、veryという言葉はどの言葉を飾っているでしょうか。「とても→女の子」ではなく、「とても→美しい」ですよね。「美しい」という言葉は形容詞ですから、この形容詞を修飾するveryは副詞ということになります。
　このように、名詞以外のさまざまな品詞を修飾するのが副詞なのです。

- [ ] fast　　早く
- [ ] very　　とても

→ 代名詞（だいめいし）

　代名詞とは、日本語でいう「それ」「あれ」に当たる言葉で、名詞が反復するのを避けるために使われます。

- [ ] it　　それ
- [ ] he　　彼

→ 助動詞（じょどうし）

　　　　助動詞とは、文字通り「動詞を助ける」言葉です。
　例えば、I can play tennis.（私はテニスをすることができる）という文では、canという言葉が助動詞です。
　このcanという言葉は、playという動詞の前に置かれ、「テニスをする」という動作に「できる」という可能の意味を加えています。
　このように、動詞に意味を付け加え、動詞を助ける言葉を助動詞と言います。

- [ ] can　　できる
- [ ] may　　かもしれない

疑問詞

　疑問詞とは、「どこ」や「いつ」のように、「何らかの情報を尋ねる場合に使う」言葉です。
　例えば、Where do you live?（あなたはどこに住んでいますか）という文の中では、whereという疑問詞を使い、「どこ」という場所に関する情報を問いかけていますね。

- □ where　　どこ
- □ what　　何

前置詞

　前置詞とは、「名詞の前に置かれ、場所や時などを表す働きをする」言葉です。
　例えば、I play in the park.（私は公園で遊ぶ）という文の中で、inという言葉が前置詞ですが、これは「公園の中で」というように、場所を表す働きをしています。
　「前置詞+名詞」のかたまりは、大きな形容詞の働きをすることもできれば、大きな副詞の働きをすることもできます。

- □ in　　　　〜の中で
- □ at　　　　〜で

INTRODUCTION ｜ 文法の基礎をもう一度

接続詞

接続詞とは、文字通り「言葉と言葉を接続する」つなぎ言葉です。

　例えば、cats and dogs（ネコと犬）という表現では、and（…と…）という接続詞が、catsとdogsという2つの名詞をつないでいますね。

　また、When I play tennis, I get tired.（私がテニスをするとき、私は疲れる）という文では、when（するとき）という接続詞が、コンマではさまれた2つの文と文をつなぐ働きをしています。

　このように接続詞は、さまざまなものをつなぐ働きをするのです。

☐ and 　　　…と…
☐ when 　　するとき

基本的な文法用語を知っておこう

　それでは次に、英文法を学ぶ際に必要な用語を学習しましょう。文法用語は使いこなせると意外と便利なツールなのですよ。

主語

　主語は、「～が」「～は」に当たる言葉で、文の先頭に置かれます。
　英語で主語になるのは、「名詞」「名詞句」など、名詞の働きをする要素のみです。
　主語は、Sという記号を使って表します。

述語

　述語は、「する」「である」に当たる言葉で、主語の直後に置かれます。
述語の部分には、必ず動詞が使われます。
　述語は、Vという記号を使って表します。

　「修飾する」というのは、「形容詞が名詞を飾ったり、副詞が動詞やさまざまな品詞を飾ったりする」ことです。
　英文法では、この「飾る」「説明する」ことを、「修飾する」という言葉を使って表します。

　「語」というのは、1語の単語のことです。例えば、cat（ネコ）は、1単語なので語になります。
　「句」というのは、2語以上の単語が合わさってできている、ひとかたまりの言葉のことです。
　例えば、high school student（高校生）は、3つの単語が組み合わさってできている「句」になります。この句は、名詞の働きをするものなので、これを「名詞句」と言っています。
　「節」は、主語と述語、つまりＳＶでできているひとかたまりの言葉のことです。
　「文」とは、大文字の言葉で始まり、ピリオドが打たれるまでのすべてを指します。
　例えば、I think that he is wise.（私は、彼が賢いと思う）は、ピリオドで終わっている「文」ですが、この文の中には、I thinkという、主語・述語のかたまりと、he is wiseという、主語・述語のかたまりがあります。このかたまりが「節」に当たります。

文の種類

「である」「する」という意味を持つ文のことを「肯定文」と言います。また、「しない」「でない」という、肯定を打ち消す文のことを「否定文」と言い、「しますか」「ですか」と、問いかける文のことを「疑問文」と言います。

準動詞

「不定詞」「動名詞」「分詞」「分詞構文」のことをまとめて「準動詞」と呼びます。

　これらは、動詞の形をいろいろと変化させることによって、動詞以外のさまざまな品詞の働きを作り出す装置なのです。

　「不定詞」は、動詞をto Vという形に変え、名詞や形容詞や副詞の働きをさせることができます。

　「動名詞」は、動詞をVingという形に変え、名詞の働きをさせることができます。

　「分詞」は、動詞をVingやVppという形に変え、形容詞の働きをさせることができます。

　「分詞構文」は、動詞をVingやVppという形に変え、副詞の働きをさせることができます。

INTRODUCTION | 文法の基礎をもう一度

文法要素の略号

S	主語
V	動詞
O	目的語
C	補語
Vp	過去形
Vpp	過去分詞形
Ving	現在分詞、動名詞
to V	不定詞
S V	文・節（主語＋述語）

本書の記号	
( )	省略可能
[ ]	言い換え可能
A, B	品詞に関係なく対になる要素
〜（英文中）	名詞
…（英文中）	形容詞・副詞・その他

基礎5文型	
S V	第1文型
S V C	第2文型
S V O	第3文型
S V O O	第4文型
S V O C	第5文型

⇨解説は pp.78〜83

代名詞を覚えておこう

> **例文**
> ① ☐ My hair is longer than yours.
> ② ☐ It is very hot today.
>
> **例文訳**
> ① 私の髪はあなたのより長い。
> ② 今日はとても暑い。

➡ 1つの人称に4つの形がある

　ひと口に「代名詞」と言っても、さまざまな形があります。

　例えば、**「私」に関する代名詞には、I、my、me、mineという4つの形があります。**

　最初のIは「主格」と呼ばれる形で、「私は」「私が」という意味を持ち、主語の部分に置いて使われます。

　2番目のmyという形は「所有格」と言って、「私の」という意味になる場合に、名詞の前に置かれて使う形です。

　3番目のmeは「目的格」と言って、動詞や前置詞の後ろに置かれ、「私に」「私を」という意味で使われる形です。

　最後のmineは「もの」という意味を含み、「私のもの」という、1つの名詞のように用いることができる「所有代名詞」という形です。

INTRODUCTION｜文法の基礎をもう一度

➡ 自然に使えるように覚えてしまおう

　例文1では、hair（髪）という名詞の前に、「私の」という意味を持つ所有格のmyが置かれており、文の終わりには、「あなたのもの」という意味の所有代名詞であるyoursが使われていますね。

　これら代名詞の活用は、何度も声に出して「代名詞一覧表」（→24ページ）を読み上げることによって、しっかりと覚えてしまわなければなりません。

　例文2で使われているItも代名詞です。ただし、ここで使われているitには、「それ」という意味はありません。

　この場合、ばく然と温度を指す主語として使われています。itという代名詞は、「それ」という意味以外に、状況や天気、時間、距離などのばく然としたものを表す場合にも使われることがあるのです。

代名詞一覧表

	主格 (〜は)	所有格 (〜の)	目的格 (〜に/を)	所有代名詞 (〜のもの)
一人称	I（私）	my	me	mine
	we（私たち）	our	us	ours
二人称	you（あなた）	your	you	yours
	you（あなたたち）	your	you	yours
三人称	he（彼）	his	him	his
	she（彼女）	her	her	hers
	it（それ）	its	it	
	they（彼ら）	their	them	theirs
	Tom	Tom's	Tom	Tom's

SECTION 1

さまざまな文のかたち

　このセクションでは、ズバリ英語の基礎の基礎、動詞や文の種類を勉強しましょう。英語の動詞には大きく分けて「be動詞」と「一般動詞」の2種類があります。簡単なことのようですが、実は英語を読んだり書いたりするときに、この2つを混同してしまうことがたいへん多いのです。特に、「ない」とうち消す場合の「否定文」、「ですか」と問いかける場合の「疑問文」の作り方に関して、最初にこの2つを分けて勉強するのが大切ですね。

UNIT 1	be動詞と一般動詞の区別	26
UNIT 2	be動詞の否定文・疑問文	28
UNIT 3	一般動詞の否定文・疑問文	30
UNIT 4	疑問詞を使った疑問文	32
UNIT 5	付加疑問文	34
UNIT 6	命令文	36

UNIT 1 be動詞と一般動詞の区別

CD-2 例文

❶ ☐ He is a high school student.
❷ ☐ I play tennis.

例文訳　❶ 彼は高校生だ。
　　　　❷ 私はテニスをする。

主語によって動詞の形が変わるよ。

➡ be動詞

　英文法の学習を始める上で一番大切なのが、「be動詞」と「一般動詞」の区別です。

　例文1で使われている動詞はisですが、ここでは、**「である」「です」**という意味で使われています。このような意味で使われる動詞は、動詞の左右にあるものがイコールである、ということを表す働きをします。

公式1
be動詞の働き

　こうした働きをする動詞のことを、「be動詞」と呼んでいます。

　このbe動詞は主語によって形が変わるので、注意が必要です。heのときにはisを使いますが、Iのときはamを、youのときはareを使います。

◀主語によって形が変わる

　主語とbe動詞の対応は何度も声に出してきちんと暗記しておかなければなりません。

SECTION 1・・・さまざまな文のかたち

➡ 一般動詞

例文2で使われている動詞はplayですが、このようなbe動詞以外の動詞のことを「一般動詞」と呼びます。

一般動詞は、Iやyou、あるいはwe（私たち）が主語の場合には、そのままの形で、主語の直後に置いて使います。

公式2
一般動詞の使い方

ただし、he（彼）やshe（彼女）、またTomなどの単数の第三者（三人称単数）、つまり、Iとyouと複数形以外を表す言葉を主語として使う場合には、一般動詞の終わりにsを付けなければなりません。

◀三単現ならsが必要

例文2を、Heを主語にして書き換えると、He plays tennis.（彼はテニスをする）というように動詞を変えなければなりません。

このようなsのことを、「三単現（三人称単数現在）のs」と呼びます。

まとめ

〈現在形のbe動詞の活用〉

- ☐ I   am
- ☐ You   are
- ☐ he / she / it is
- ☐ we / they   are
- ☐ Tom   is

〈三人称単数の主語で形が変わる一般動詞〉

- ☐ have   has

UNIT 2 be動詞の否定文・疑問文

CD-3　例文

❶ □ I am not a teacher.
❷ □ Are you a teacher?
　　　Yes, I am. / No, I am not.

例文訳　❶ 私は先生ではありません。
　　　　❷ あなたは先生ですか。
　　　　　→はい、そうです。／いいえ、違います。

notを付けたり、主語の前に出すだけだよ

　まず、文にはさまざまな種類があることを押さえておきましょう。
「である」「する」という意味を持つ文のことを「肯定文」と言いますが、「しない」「でない」という、肯定を打ち消す文のことは「否定文」と呼びます。また、「しますか」「ですか」と、相手に問いかける文のことを「疑問文」と言います。

否定文

　be動詞を使った否定文は、be動詞の直後にnotを置いて作ります。

公式3　否定文の作り方

　例文1では、amというbe動詞の後ろにnotが置かれていますね。
　notは、このような否定文を作るときに使われるので、「否定語」と呼ばれることがあります。
　この否定文は、he（彼）を主語にして書き換えると、He is not a teacher.（彼は先生ではない）という文になりますが、この文では、is not という部分を縮めて、isn'tと書く場合もある　◀isn'tが短縮形だよ

ので、この短縮形についても覚えておかなければなりません。

🔸 疑問文

次に、be動詞を使った疑問文ですが、**be動詞を文頭に置き、文の終わりに「？」（クエスチョンマーク）を付けることで疑問文になります。**　　◀ 公式4　疑問文の作り方

例文2では、areというbe動詞が文頭に置かれ、文末に「？」が置かれています。

ちなみに、be動詞を使った疑問文を発音する場合は、ふつう文末を上げ調子で読みます。

be動詞を使った疑問文に答えるときはふつう、「はい」の場合には「Yes,＋主語＋be動詞」、「いいえ」の場合には「No,＋主語＋be動詞＋否定語」という語順で答えます。　　◀ 疑問文への応答

まとめ

〈be動詞を使った文の否定文〉
- ☐ S＋be動詞 not

〈be動詞を使った文の疑問文〉
- ☐ be動詞を文頭に置き、文末には「？」を付ける

〈be動詞と否定語の短縮形〉
- ☐ is not → isn't
- ☐ are not → aren't

UNIT 3 一般動詞の否定文・疑問文

do / doesを使って作るんだ

CD-4　例　文

❶ □ I do not like movies.
❷ □ Do you like movies?
　　Yes, I do.
　　No, I do not[don't].

例文訳　❶ 私は映画が好きではない。
　　　　❷ あなたは映画が好きですか。
　　　　　→はい、好きです。／いいえ、好きではありません。

否定文

　一般動詞を使った否定文は、主語と一般動詞の間にdo notという表現を置いて作ります。

公式5
否定文の作り方

　例文1は、主語のIと、動詞のlikeの間に、do notという表現が置かれている否定文ですね。
　このdo notは、短縮してdon'tと言うこともできます。
　一般動詞の否定文では、主語がheやshe、Tomのような三人称単数の場合が要注意です。
　三人称単数の名詞が主語の場合、肯定文では、He likes movies.というように、動詞の後ろに三単現のsが付きましたね。
　この三単現のsが動詞に付く場合は、He does not like movies.というように、do notではなく、does notという表現を使わなければならないのです。

◀三単現ならdoes not

　このdoes notを使った場合には、動詞に付いている三単現のsはとれてしまい、動詞は元の形に戻ることに注意しましょう。決してHe does

SECTION 1・・・さまざまな文のかたち

not likes〜という表現にはなりません。

does notも短縮して、doesn'tと言うことができます。

➡ 疑問文

一般動詞を使った文の疑問文は、主語の前にdoという言葉を置き、文末に「？」を付けて作ります。

> 公式6
> 疑問文の作り方

発音するときは、ふつう文末は上げ調子で読みます。

例文2は、youという主語の前にdoが置かれ、文末に「？」を付けた疑問文です。

この疑問文には、例文2の答え方で返事をします。

疑問文でも、三人称単数の名詞が主語の場合が要注意です。

例えば、He likes movies.という文を疑問文にするには、doではなく、doesを文頭に出し、動詞に付いていた三単現のsをとって、Does he like movies?としなければなりません。

この疑問文に対する答えは、Yes, he does.あるいはNo, he does not[doesn't]. となります。

◀ doesの疑問文への応答

まとめ

〈一般動詞の否定文〉
- □ S ＋ do not[don't] ＋ V.
- □ S(三人称単数) ＋ does not[doesn't] ＋ V.

〈一般動詞の疑問文〉
- □ Do ＋ S ＋ V?　　□ Does ＋ S(三人称単数) ＋ V?

〈否定形の短縮形〉
- □ do not → don't　　□ does not → doesn't

疑問詞を使った疑問文

CD-5　例文

❶ ☐ Where do you live?
❷ ☐ Who lives here?

例文訳　❶ あなたはどこに住んでいますか。
　　　　❷ だれがここに住んでいますか。

具体的な情報を
聞きたいときに使おう

▶ 疑問詞は聞きたい情報に対応

　疑問文には、「はい」「いいえ」というどちらかの返事を求める疑問文と、具体的な情報を求める疑問文があります。

　何らかの情報が欲しい場合、後者の疑問文を使いますが、この疑問文は、「疑問詞」を使って作ることができます。

公式7
疑問詞疑問文の働き

　例文の文頭に見える、where（どこ）、who（だれ）が「疑問詞」と呼ばれる言葉です。

公式8
疑問詞とは

▶ 2通りの作り方

　疑問詞を使った疑問文は、使う疑問詞によって、作り方が少し違ってきます。

　例文1で使われているwhere（どこ）、when（いつ）、why（どうして）、how（どのように）

◀ 直後に疑問文が続く場合

のような疑問詞を使う場合は、ふつう直後に疑問文を置きます。

　例文2で使われているwho（だれ）、which（どちら）などの疑問詞

の場合は、直後に動詞を置くことも、疑問文を置く　◀直後に動詞か疑問文が
くこともできます。　　　　　　　　　　　　　　　　続く

　例文では、whoの後ろに動詞を置いていますが、whoやwhichなどの疑問詞は、三人称単数の主語だと考えられるので、直後の動詞には三単現のsを付けなければなりません。

　疑問詞を使った疑問文を発音するときは、文末　◀会話で大切だよ
は上げ調子にはせず、下げ調子で読みます。

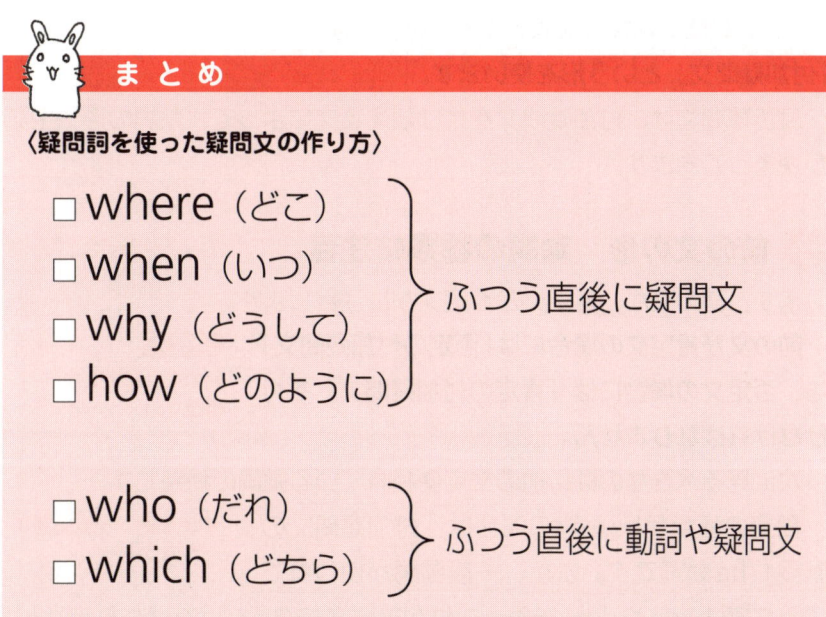

まとめ

〈疑問詞を使った疑問文の作り方〉

□ where（どこ）
□ when（いつ）
□ why（どうして）
□ how（どのように）
　　　　　　　　　　　　　ふつう直後に疑問文

□ who（だれ）
□ which（どちら）
　　　　　　　　　　　　　ふつう直後に動詞や疑問文

UNIT 5 付加疑問文

「ですね」と念を押したい ときなどに使うんだ

CD-6　例　文

❶ ☐ You are a dentist, aren't you?
❷ ☐ He doesn't live here, does he?

例文訳　❶ あなたは歯科医ですよね。
　　　　❷ 彼はここに住んでいませんよね。

　日本語でいう、「だよね」「しますよね」といった、軽い疑問や念押しを表す場合、英語では、「付加疑問文」という形を使います。

公式9
付加疑問文の働き

　付加疑問文は、付加疑問文を付け加える文によって、動詞の形や主語が決まってきます。

➡ 前の文の形／動詞の種類に注目

　まず、前の文が、肯定文か否定文かに注目します。
　前の文が肯定文の場合には「否定の付加疑問文」を、否定文の場合には「肯定の付加疑問文」を付けなければなりません。

公式10
前の文が肯定文か否定文か

　次に見るべきなのは、前の文で使われている動詞の種類です。
　動詞の種類がbe動詞の場合は、付加疑問文の動詞もbe動詞です。また、一般動詞が使われている文では、doやdoesを使った付加疑問文を作らなければなりません。

◀be動詞か一般動詞かで違うよ

SECTION 1 ・・・ さまざまな文のかたち

　こうして決まった動詞の形の後ろに、前の文で使われている主語の代名詞を置き、文末に「？」を付ければ、付加疑問文の完成です。付加疑問文の前にコンマを付けて、元々の文の末尾に付け加えましょう。
　例文1では、前の文が、areというbe動詞を使った肯定文なので、aren'tというbe動詞を使った否定の付加疑問文が使われています。
　例文2では、前の文が、liveという一般動詞が使われている否定文で、主語は三人称単数なので、doesを使った肯定の付加疑問文が使われています。

➡ 助動詞はそのまま使う

　ちなみに、前の文が助動詞を使っている場合、付加疑問文でもその助動詞を使わなければなりません。
　例えば、He can play the piano.（彼はピアノが弾ける）のように、canという助動詞を使った文に付加疑問文を付けると、He can play the piano, can't he?（彼はピアノが弾けますよね）という文になるので、注意しておきましょう。

まとめ

〈付加疑問文の付け加え方〉
- □ 前の文が肯定文の場合→「…, ＋否定の付加疑問文」
- □ 前の文が否定文の場合→「…, ＋肯定の付加疑問文」

〈付加疑問文を作るときの注意点〉
- □ 前の文で使われている動詞、助動詞の種類に合わせる
- □ 前の文で使われている主語の代名詞を使う

UNIT 6 命令文

> 動詞の原形で始めればいいよ

CD-7　例文

❶ □ Be quiet!
❷ □ Don't enter the room.

例文訳　❶ 静かに！
　　　　❷ 部屋に入るな！

　命令文とは、人に「Vしろ」「Vするな」「Vしてください」と言いたい場合に使われる文のことです。まず、**「Vしろ」という意味の命令文では、文頭に原形動詞が置かれます。**

公式11　命令文の基本

　命令文の主語は「あなた」もしくは「あなたがた」ということはわかりきっていますから、ふつう you という主語を書きません。

　例文1では、be という言葉が文頭に置かれていますが、これは am や are などのbe動詞の原形です。

　一般動詞を使った命令文であれば、Enter the room.（部屋に入りなさい）というようにも表現することができます。この場合でも、文頭には、enter という一般動詞の原形が使われています。

▶ 否定の命令文

　このような命令文を「Vするな」という意味の否定文にするにはどうすればよいでしょうか。**命令文を否定文にするには、動詞の種類にかかわらず、Don'tを命令文の前に置きます。**

公式12　否定するには

例文2では、Enter the room.という命令文の前にDon'tが置かれていますね。これで「部屋に入るな」という否定の命令文ができます。

be動詞を使った命令文を否定する場合にも、beの前にDon'tを置きます。例えば、例文1を否定文にすると、Don't be quiet.（静かにしていてはダメですよ）という形になります。

➡ ていねいな命令文

また、命令文を、「Vしてください」というように、よりていねいな表現にすることもできます。この場合、命令文の前後にpleaseという言葉を置きます。

公式13
ていねいに言うには

例えば、ただ「静かにしろ」と言うよりも、よりていねいに「静かにしてください」と言いたい場合には、Please be quiet.あるいは、Be quiet, please.と表現すればよいのです。

このていねいな命令文を表記する場合、pleaseが文頭に置かれたときは、コンマは必要ありませんが、文末に置かれたときは、命令文の後にコンマを置き、その後ろにpleaseを置くので、注意しておきましょう。

◀書くときに注意しよう

まとめ

〈命令文のパターン〉
- □ 文頭に原形動詞を置いた文 → 命令文
- □ Don't ＋ 命令文 → 否定文
- □ Please ＋ 命令文
   命令文 ＋, please. ｝ていねいな命令

10分エクササイズ

簡単な英文をつくってみましょう！

☐ **1** 私があなたの上司です。

● 動詞はbe動詞を使います。(your boss)

☐ **2** 彼女は毎朝8時に出勤します。

●「毎朝」はevery morning、「8時に」はat eightですが、語順に注意しましょう。英語では狭い範囲から先に書きます。(come to the office)

☐ **3** 私は受付ではありません。

● be動詞を使った文を否定文にするには、be動詞の後にnotを置きます。(receptionist)

☐ **4** あなたは講師ですか。

● be動詞を使った文を疑問文にするには、主語の前にbe動詞を置きます。(lecturer)

☐ **5** 私は会議が好きじゃない。

● 一般動詞の否定文は、主語によってdon'tかdoesn'tを使います。(meetings)

SECTION 1・・・さまざまな文のかたち

学習した英文法の知識を使って、以下の日本文を英語に変えてみましょう。カッコの中はキーワードです。

☐ 6 あなたはここで働いていますか。

●習慣的な行為は現在形で書きます。(work)

☐ 7 あなたの会社はどこにありますか。

●疑問詞の後ろは疑問文にします。「ある」はbe動詞を使いましょう。(where, company)

☐ 8 だれが責任をとるのですか。

●疑問詞が主語になるパターンを使います。(responsibility, take)

☐ 9 あなた、私のことを好きなんでしょ？

●一般動詞を使った文の付加疑問の部分は、do、does、didを使います。主となる文が肯定文の場合は付加疑問の部分は否定になります。

☐ 10 この薬は一日3回飲んでください。

●薬を「飲む」はdrinkではなくtakeを使います。「一日〜回」は「〜 times a day」です。(medicine)

正解は次ページ

正解と解説 CD-8

☐ **1** <u>I</u> <u>am</u> <u>your boss</u>.
　　S　V　　C
▶ UNIT 1
(p. 26)

☐ **2** <u>She</u> <u>comes</u> <u>to the office</u> <u>at eight</u>
　　S　　V　　　adv　　　　adv
<u>every morning</u>.
　　adv
▶ UNIT 1
(p. 26)

☐ **3** <u>I</u> <u>am</u> not <u>a receptionist</u>.
　　S　V　　　　C
▶ UNIT 2
(p. 28)

☐ **4** <u>Are</u> <u>you</u> <u>a lecturer</u>?
　　V　　S　　　C
▶ UNIT 2
(p. 28)

☐ **5** <u>I</u> don't <u>like</u> <u>meetings</u>.
　　S　　　V　　　O
● likeの目的語は複数形にします。
▶ UNIT 3
(p. 30)

S：主語　V：動詞　O：目的語　C：補語　adv：副詞（句・節）　adj：形容詞（句・節）

SECTION 1 ・・・ さまざまな文のかたち

正解を声に出しながら、しっかり復習しておきましょう。
正解の英文はCDに収録されています。

☐ **6** Do you work here?
       S   V   adv
▶ UNIT 3
(p. 30)

☐ **7** Where is your company?
       adv   V   S
▶ UNIT 4
(p. 32)

☐ **8** Who takes the responsibility?
       S   V   O
▶ UNIT 4
(p. 32)

☐ **9** You love me, don't you?
       S   V   O
▶ UNIT 5
(p. 34)

☐ **10** Take this medicine three times a day.
        V   O   adv
▶ UNIT 6
(p. 36)

41

必勝パターン①

be動詞と一般動詞に分けて、
頭の中を整理するのが、
動詞をマスターするコツだよ！

SECTION 2

時制と時間表現

　このセクションでは、過去に起こった出来事や、未来に起こるであろう出来事の表し方を勉強します。過去の出来事を表現する場合には「過去形」という形を使いますが、be動詞と一般動詞で表現の方法が大きく違ってきますから注意しましょう。また、動詞の活用の仕方を、書いたり読んだりしてしっかりと暗記することが大事です。未来のことを表すには、willという助動詞を使う場合と、be going to Vという形を使う場合があります。否定文や疑問文の作り方も合わせてマスターしましょう。

UNIT 7	be動詞の過去形	44
UNIT 8	一般動詞の過去形	46
UNIT 9	一般動詞の過去形の否定文・疑問文	48
UNIT 10	未来形	50
UNIT 11	副詞節の中の未来は現在形	52
UNIT 12	進行形	54

UNIT 7 be動詞の過去形

CD-9 例文

「～だった」と言いたいときに使おうね

1. ☐ I was a lazy worker.
2. ☐ You were not funny.
3. ☐ Were you tired then?
   　Yes, I was.
   　No, I was not[wasn't].

例文訳
1. 私は怠惰な労働者だった。
2. 君はおもしろくなかった。
3. あなたはそのとき疲れていましたか。
   →はい、疲れていました。／いいえ、疲れていませんでした。

➡ be動詞を過去形に変化させる

「だった」のように、過去にあった状態や出来事を表すには、「過去形」を使います。

　be動詞を使った文を過去形にするには、be動詞を過去形に変化させる必要があります。

　Iやhe、she、あるいはTomなどの単数の名詞が主語になる場合、be動詞にはwasを使い、youやthey、weなどの複数の名詞が主語になる場合にはwereを使います。

公式14　be動詞の過去形は2種類

　例文1は、be動詞の過去形を使った肯定文です。

➡ 否定文と疑問文

否定文を作る場合は、wereやwasの後ろにnotを置きます。

公式15 否定文の作り方

現在形と同じく、was notの場合はwasn'tと、were notの場合はweren'tと短縮されることがあるので、これらの短縮形も覚えておかなければなりません。

例文2は、be動詞の過去形の否定文です。wereの直後にnotが置かれていますね。これもweren'tと表現することができます。

また、**疑問文を作る場合は、wasやwereを前に出し、文末に「?」を付けます。この文を発音するときには、文末は上げ調子で読みます。**

公式16 疑問文の作り方

例文3は、be動詞の過去形の疑問文です。この疑問文に答えるときには、例文のように、be動詞の過去形を使って答えます。

まとめ

〈be動詞の過去形の活用〉

- ☐ I   was
- ☐ you   were
- ☐ he / she   was
- ☐ we / they   were
- ☐ Tom   was

〈否定の短縮形〉

- ☐ was not → wasn't
- ☐ were not → weren't

UNIT 8 一般動詞の過去形

> 動詞の変化には規則と不規則があるよ

CD-10　例文

❶ □ She looked at him.
❷ □ Tom broke the vase.

例文訳　❶ 彼女は彼を見た。
　　　　❷ トムは花瓶を壊した。

動詞を過去形に

　一般動詞を使った文を過去形にするには、be動詞のときと同じく、動詞を「過去形」に変化させる必要があります。
　一般動詞の過去形の変化には、「規則変化」と「不規則変化」の2通りあり、動詞によって、どちらの変化をするかが決まっています。
　まずは**「規則変化」によって過去形を作る動詞ですが、規則変化する動詞の原形の後ろに、-edや-dを付けて過去形に変化させます。**

公式17　規則変化の場合

　例文1の動詞はlookedですが、これはlook（見る）という動詞の原形に-edを付けることで、過去形の動詞に変化させていますね。
　もう1つの「不規則変化」ですが、これは動詞そのものの形が変化して過去形を表します。
　そのため、**動詞の形の変化を1つひとつしっかりと覚えておかなければなりません。**

公式18　不規則変化の場合

　例文2で使われているbrokeの原形はbreak（壊す）ですが、この動詞はbreak-broke-brokenと活用します。
　このような活用表の2番目にある形が過去形（Vp）です。3番目に

ある形は、過去分詞形（Vpp）といい、後で勉強する現在完了形（→62ページ）で使われる重要な形です。 ◀動詞の活用に慣れておこう

　不規則変化には、例文で使われた、break－broke－brokenのように、完全に3つとも形が違う動詞や、put－put－put（置く）のように、形がすべて同じ動詞など、さまざまなものがあります。

　不規則変化の動詞は、日常の表現でよく使うものが多いので、何度も声に出して読み、しっかり覚えておきましょう。

☞「不規則動詞100選」（200ページ）参照

まとめ

〈規則変化〉
　動詞の後ろに-edや-dを付けて過去形にするもの
　☐ look－looked－looked

〈不規則変化〉
　動詞の形が変わってしまうもの／変わらないもの
　→「原形－過去形－過去分詞形」の活用表を暗記する
　☐ break－broke－broken
　☐ put－put－put

UNIT 9 一般動詞の過去形の否定文・疑問文

> did というのは do の過去形なんだ

CD-11　例文

❶ □ I did not call her.
❷ □ Did you see Bob?
　　　Yes, I did.
　　　No, I did not[didn't].

例文訳　❶ 私は彼女に電話をかけなかった。
　　　　❷ ボブを見ましたか。
　　　　　→はい、見ました。／いいえ、見ませんでした。

➡ 否定文：主語と動詞の間に did not を置く

　一般動詞の過去形の否定文は、主語と動詞の間に did not を置いて作ります。

公式19　否定文の作り方

　did というのは、do の過去形です。
　ここで注意しておかなければならないことは、did not を置いた場合、過去形であった動詞が、原形に戻ることです。
　例文1では、I という主語と、call という動詞の間に did not が置かれていますね。call の過去形は called ですが、did not があるため、動詞は過去形ではなく、原形が使われているのがわかります。
　did not は、didn't と短縮されて使われること　◀短縮形も覚えておこう
もあるので、この短縮形も覚えておきましょう。

➡ 疑問文：主語の前にdidを置く

　一般動詞の過去形の疑問文は、主語の前にdidを置き、文末に「？」を付けて作ります。ここでも、動詞は過去形ではなく、原形が使われます。

公式20
疑問文の作り方

　この疑問文を発音するときは、現在形のときと同じく、文末は上げ調子で読みます。

　例文2では、didが主語の前に置かれ、過去形であるsawではなく、seeという原形の動詞が使われています。

　過去形の疑問文には、例文2のように答えます。

まとめ

〈過去形の否定文の作り方〉
- S ＋ did not[didn't] ＋ V.（動詞は原形）

〈過去形の疑問文の作り方〉
- Did ＋ S ＋ V ?（動詞は原形）

〈否定の短縮形〉
- did not → didn't

UNIT 10 未来形

> 未来形には2つの作り方があるからね

CD-12　例文

❶ ☐ We will visit South Korea tomorrow.
❷ ☐ I am going to visit my parents next week.

例文訳　❶ 私たちは明日、韓国を訪問する予定です。
　　　　❷ 私は来週、両親を訪ねるつもりです。

➡ willかbe going toを使う

　明日や来週、来年の予定といったように、未来にやろうとしていることを表す形を、ここでは「未来形(みらいけい)」と呼んでおきます。

　この未来形には2つの表現があります。

　1つは、**動詞の前にwillという助動詞を置き、その後ろに原形動詞を置く**表現です。例文1は、このwillを使った未来形です。

◀ 公式21
willを使う

　もう1つは、**「主語＋be動詞」の後ろにgoing toを置き、その後ろに原形動詞を置いた「be going to V」という形を使う**表現です。例文2は、この形で未来を表しています。これらの言葉を置くことで、未来の予定を表すことができるのです。

◀ 公式22
be going toを使う

➡ 否定文と疑問文の作り方

　未来形の否定文は、willを使った文の場合、willの後ろにnotを置き、「be going to V」の文

◀ 否定文の作り方

の場合、be動詞の後ろにnotを置いて作ります。

　例文を否定文に書き換えてみると、例文1は、We will not visit South Korea tomorrow.（私たちは明日、韓国を訪問する予定ではない）となり、例文2は、I am not going to visit my parents next week.（私は来週、両親を訪ねるつもりではない）となります。

　未来形の疑問文は、willを使った文の場合、willを先頭に出し、文末に「？」を付けて作ります。「be going to V」を使った文の場合、be動詞を文頭に置き、文末に「？」を付けて作ります。

◀疑問文の作り方

　例文を疑問文に書き換えてみると、例文1は、Will you visit South Korea tomorrow?（あなたたちは明日、韓国を訪問する予定ですか）となります。この疑問文に対しては、Yes, we will.やNo, we will not[won't].というように答えます。

　例文2は、Are you going to visit your parents next week?（あなたは来週、両親を訪ねるつもりですか）と書き換えられます。この疑問文に対しては、be動詞を使って、Yes, I am.やNo, I am[I'm] not.というように答えます。

まとめ

〈未来形の肯定文〉
- □ S ＋ will ＋ V.　　□ S ＋ be going to V.

〈未来形の否定文〉
- □ S will not V.　　□ S ＋ be ＋ not going to V.

〈未来形の疑問文〉
- □ Will ＋ S ＋ V? — Yes, S will. / No, S will not[won't].
- □ Be動詞 ＋ S ＋ going to V?
    — Yes, S be動詞. / No, S be動詞 not.

UNIT 11 副詞節の中の未来は現在形

> 未来のことなのに未来形が使えないこともあるんだ

CD-13 例文

❶ ☐ I will tell her the truth when she comes here.

❷ ☐ Do you know when she will come here?

例文訳
❶ 彼女がここにやって来るとき、私は彼女に真実を伝える。
❷ 彼女がいつここにやって来るか知っていますか。

▶ 時や条件を表す副詞節に注意

例文1を読んで、どこか疑問に思うところはありませんか。

「彼女がやって来る」のも未来だし、「彼女に真実を伝える」ことも未来のはずなのに、when節の中の動詞は現在形になっていますね。

実は、**動詞にかかる副詞の働きをする節、つまり「副詞節」の中では、「未来のことでも現在形で書く」**ことがあるのです。

公式23 時を表す副詞節の場合

例文1では、when S Vの部分は、「SがVするとき」という意味で使われていて、主節のtell her という、動詞を修飾していますね。**このような、時を表す副詞節の中では未来形を使うことはありません。**

もちろん、時を表す場合だけではなく、**条件を表すif S V（SがVするならば）のような副詞節の中でも、未来のことは現在形で表します。**

公式24 条件を表す副詞節の場合

SECTION 2・・・時制と時間表現

➡ 名詞節か副詞節かを区別する

　例文2にあるwhen S Vは、「SがVするとき」という意味ではなく、「いつSがVするか」という意味で使われています。

　ここでは、when S Vは、knowという他動詞の目的語、つまり名詞の働きをする「名詞節」として使われているのです。

　名詞節の中では、未来のことを現在形で書く必要はありません。未来のことは未来形で表します。　◀名詞節は未来形OK

　このように、同じ接続詞が使われていても、「副詞節」か「名詞節」かによって節の中で使われる時制が違ってくるので、注意しておきましょう。

まとめ

〈副詞節の中の未来は現在形〉

☐ when S V
　　SがVするとき　　　**副詞節**　未来のことは現在形
　　いつSがVするか　　**名詞節**　未来のことは未来形

☐ if S V
　　SがVするならば　　　**副詞節**　未来のことは現在形
　　SがVするかどうか　　**名詞節**　未来のことは未来形

〈その他の「時を表す副詞節」〉

☐ before S V
　　SがVする前に
☐ after S V
　　SがVする後で　　　　｝未来のことは現在形
☐ as soon as S V
　　SがVするとすぐに

UNIT 12 進行形

継続的な動作・状態を表すときはこの形だよ

CD-14　例　文

❶ □ She is waiting outside.
❷ □ Were you dancing then?
　　　Yes, I was.
　　　No, I was not[wasn't].

例文訳　❶ 彼女は外で待っている。
　　　　❷ そのときあなたは踊っていましたか。
　　　　　　→はい、踊っていました。／いいえ、踊っていませんでした。

➡ be動詞の後ろに動詞の-ingを置く

　「今Vしているところだ」のように、今現在の一時的な動作や状態を表す場合には、「現在進行形」という形を使います。

公式25　現在進行形を使う場合

　この現在進行形は、be動詞の後ろに、動詞の-ing形を置くことで作ることができます。

公式26　現在進行形の作り方

　例文1は、現在進行形を使った文です。isというbe動詞の後ろに、wait（待つ）の-ing形、waitingが置かれていますね。

　また、「過去にVしていた」という過去の一時的な動作を表す場合には、「過去進行形」を使います。

　これは、be動詞の過去形の後ろに、動詞の-ing形を置いて作ります。

公式27　過去進行形の作り方

　例文1を過去進行形に書き換えると、She was waiting outside.（彼女は外で待っていた）となります。

否定文と疑問文

現在進行形や過去進行形を否定文にする場合、be動詞と-ing形の間に否定語のnotを置きます。　◀否定文の作り方

例えば、例文1を否定文に書き換えると、She is not waiting outside.（彼女は外で待っていない）となります。

また、疑問文にする場合は、be動詞を文頭に出し、文末に「？」マークを付ければよいのです。　◀疑問文の作り方

例えば、例文1を疑問文に書き換えると、Is she waiting outside?（彼女は外で待っていますか）という文になります。

例文2は、過去形のbe動詞のwereが文頭に置かれ、文末に「？」が置かれている過去進行形の疑問文です。

進行形の疑問文に答えるときは、例文2のように、疑問文で使われたbe動詞を使って答えます。

まとめ

〈進行形の作り方〉
- S＋be動詞＋Ving．

〈進行形の否定文〉
- S＋be動詞 not＋Ving．

〈進行形の疑問文〉
- Be動詞＋S＋Ving？

簡単な英文をつくってみましょう！
10分エクササイズ

☐ **1** 彼は昔は働き者だった。

● be動詞の過去形を使います。（a hard worker）

☐ **2** あなたは勤勉でしたか。
　　　──いいえ勤勉ではありませんでした。

●「〜でしたか」は、be動詞の過去形を使った疑問文です。（industrious）

☐ **3** 私はその試合を見た。

●「あるものをじっと見つめる」というときには動詞はwatchを使います。watchは規則変化動詞です。（game）

☐ **4** 昨日、街で上司を見かけた。

●「見かける」のはseeを使います。seeは不規則変化動詞です。（on the street, boss）

☐ **5** 彼は昨日、会議に出なかった。

●「出席する」はattendなので、これを使った否定文を作ります。（the meeting）

SECTION 2・・・時制と時間表現

学習した英文法の知識を使って、以下の日本文を英語に変えてみましょう。カッコの中はキーワードです。

☐ 6 あなたは彼にe-メールを出しましたか。
── はい、出しました。

● 一般動詞の過去の疑問文はdidを先頭に出して書きます。動詞はsendを使いますが、「send＋人＋目的語」で使うのが便利です。(e-mail)

☐ 7 私たちは明日、映画を見に行きます。

● 明日のことですからwillかbe going toを使います。「映画を見に行く」はgo to the cinema [movies]と言います。

☐ 8 彼が戻ってきたら、この書類を渡してください。

● ていねいな命令文ですから、pleaseを付けましょう。その後にwhen ...を付けますが、「…したとき」という意味ですから、未来でもwillは使いません。(hand, document, be back)

☐ 9 彼女は今、テレビを見ています。

● 「～しています」なので、現在進行形で書きます。(watch, TV)

☐ 10 あなたはそのとき、上司と電話で話していましたか。

● 過去進行形を疑問文にするには、be動詞を前に出します。「電話で」はon the phoneと言います。(boss, then)

正解は次ページ

正解と解説 　CD-15

☐ **1** <u>He</u> <u>was</u> <u>a hard worker</u>.
　　　S　V　　　C
　▶ **UNIT 7** (p. 44)

☐ **2** <u>Were</u> <u>you</u> <u>industrious</u>?
　　　　V　　S　　　C
　　— No, <u>I</u> <u>wasn't</u>.
　　　　　S　　V
　▶ **UNIT 7** (p. 44)

☐ **3** <u>I</u> <u>watched</u> <u>the game</u>.
　　　S　　V　　　　O
　▶ **UNIT 8** (p. 46)

☐ **4** <u>I</u> <u>saw</u> <u>my boss</u> <u>on the street</u>
　　　S　V　　O　　　　adv
　　<u>yesterday</u>.
　　　adv
● in the street と言うこともあります。
　▶ **UNIT 8** (p. 46)

☐ **5** <u>He</u> <u>didn't attend</u> <u>the meeting</u>
　　　S　　　V　　　　　O
　　<u>yesterday</u>.
　　　adv
　▶ **UNIT 9** (p. 48)

S：主語　V：動詞　O：目的語　C：補語　adv：副詞（句・節）　adj：形容詞（句・節）

SECTION 2 ・・・ 時制と時間表現

正解を声に出しながら、しっかり復習しておきましょう。
正解の英文はCDに収録されています。

☐ **6** Did you send him an e-mail?
    S V O O

  — Yes, I did.
      S V

▶ UNIT 9 (p. 48)

● e-mail は最初が母音なので、冠詞は an となります。

☐ **7** We are going to go to the cinema
   S   V adv

  tomorrow.
   adv

 = We will go to the cinema tomorrow.
   S V adv   adv

▶ UNIT 10 (p. 50)

☐ **8** Please hand this document to him,
     V   O   adv

  when he is back.
   adv s v

▶ UNIT 11 (p. 52)

☐ **9** She is watching TV now.
   S V   O adv

▶ UNIT 12 (p. 54)

☐ **10** Were you speaking with your boss
   V S (V)   adv

  on the phone then?
    adv   adv

▶ UNIT 12 (p. 54)

必勝パターン②

まず、よく使う不規則動詞の活用形を頭に入れてしまうことが時制をマスターする秘けつだよ！進行形を作るときには、be動詞と一般動詞を同時に使うから混乱しないようにね。

SECTION 3

完了形と助動詞

　このセクションでは、多くの人が苦手とする、完了形の使い方を学習します。特に「現在完了形」と「過去形」の区別に悩む人が多いのですが、現在完了形は基本的に「現在どうなっているか」と言う場合に使われる表現です。例えば、I have eaten the cake.という文では、過去にケーキを食べたということでなく、「今、ケーキを食べ終わった状態だ」ということが言いたいのです。この現在完了形にあわせて「過去完了形」や「未来完了形」もしっかりと学習しましょう。

UNIT 13	現在完了形	62
UNIT 14	現在完了形の否定文・疑問文	64
UNIT 15	過去完了形と未来完了形	66
UNIT 16	助動詞の使い方	68
UNIT 17	過去を推察する助動詞表現	70

UNIT 13 現在完了形

> 現在に視点がある表現なんだ。過去形との違いに注意！

CD-16 例文

① ☐ I have known her for five years.
② ☐ I have seen a panda before.
③ ☐ She has already finished the work.

例文訳
① 私は彼女と5年間知り合いだ。（継続）
② 私は以前パンダを見たことがある。（経験）
③ 彼女はすでに仕事を終えてしまっている。（完了）

３つの意味を表せる

　「現在完了形（げんざいかんりょうけい）」は、現在から見て、過去から行っていることが今どういう状態になったか、ということを表現したいときに使う形です。過去のことではなく、現在の状態が強調される表現だと言えるでしょう。

公式28 どんなときに使うか

　この現在完了形は、過去から現在まで続いて「ずっとVしている」ことを表す「継続（けいぞく）」と、過去から現在までに「Vしたことがある」ことを表す「経験（けいけん）」と、過去からやっていた物事が現在終了して「Vしてしまっている」ことを表す「完了（かんりょう）」の３つの意味を表すことができます。
　例文１は「継続」、例文２は「経験」、例文３は「完了」を表していますね。

SECTION 3・・・完了形と助動詞

➡ 「have+過去分詞」で作る

公式29 現在完了形の作り方

現在完了形を作るには、主語の後ろにhaveを置き、その直後に動詞の過去分詞形（Vpp）を置きます。

過去分詞形は、規則変化の動詞であれば、過去形と同じように動詞の後ろに-edや-dを付けたもので、不規則変化の動詞の場合は、過去形で学んだ、不規則動詞変化表の右端にある形になります。

例文3のfinishedは、finishという規則変化の動詞に-edを付けたものですが、例文1のknownはknow（知っている）の過去分詞形、例文2のseenはsee（見る）の過去分詞形です。

また、主語がheやsheのような三人称単数の場合は、haveの変化形、hasを使わなければならないことに注意しておきましょう。

◀三人称単数の場合にはhas

現在完了形で使われるhaveやhasには、「持っている」という意味はありません。これは、現在完了形を作るための部品として使われているだけなので、「持っている」というように訳してはいけません。

まとめ

〈現在完了形の持つ意味〉

- □ 継続「ずっとVしている」
- □ 経験「Vしたことがある」
- □ 完了「Vしてしまっている」

〈現在完了形の作り方〉

- □ S＋have＋Vpp.　□ S（三人称単数）＋has＋Vpp.

63

UNIT 14 現在完了形の否定文・疑問文

> 否定文も疑問文も作り方は簡単だからね

CD-17　例文

❶ □ I have never been there.
❷ □ Has she eaten dinner?
　　　Yes, she has.
　　　No, she has not[hasn't].

例文訳　❶ 私は今までそこに行ったことがない。
　　　　❷ 彼女はすでに夕食を食べましたか。
　　　　　→はい、食べました。／いいえ、食べていません。

▶ 否定文：have / has の次に否定語を置く

　現在完了形の否定文は、haveやhasと動詞の過去分詞形の間に、否定語のnotやneverを置いて作ります。

公式30
否定文の作り方

　「経験」を表す現在完了形の否定文では、しばしばnever（今までにVしたことがない）という否定語が使われます。

◀「経験」→neverも使う

　例文1では、neverの後ろにbeenという単語がありますが、これはbe動詞の過去分詞形で、「行ったことがある」という意味で使われています。

　ここでは、haveとbeenの間にneverが置かれ、「今まで行ったことがない」というように、「経験」がないことを表しています。

▶ 疑問文：have / has を文頭に

　現在完了形の疑問文は、haveやhasを文頭に置き、主語と動詞の過去分詞形を続け、文末に

公式31
疑問文の作り方

「？」を付けて作ります。

　この疑問文を発音するときは、文末を上げ調子で読みます。

　例文2は、「完了」の意味を表す現在完了形の疑問文です。hasが文頭に置かれ、その後ろに、主語であるsheと、eat（食べる）の過去分詞形であるeatenが置かれていますね。

　この疑問文には、例文2の応答のように、haveやhasを使って答えます。　◀疑問文への応答

まとめ

〈現在完了形の否定文〉

□ S ＋ have ＋ not ＋ Vpp.
　　　　has

□ S ＋ have ＋ never ＋ Vpp.
　　　　has
　（never：「経験」の場合によく使われる）

〈現在完了形の疑問文〉

□ Have ＋ S ＋ Vpp?
　Has

UNIT 15 過去完了形と未来完了形

過去完了は過去の時点までに完了していることを表すよ

CD-18　例文

❶ ☐ I had already finished the cleaning when she came.

❷ ☐ I will have finished the report by tomorrow.

例文訳　❶ 彼女が来たとき、私はすでに掃除を終えていた。
　　　　❷ 私は明日までにレポートを終えているだろう。

過去完了形

「現在完了形」は、「現在までの経験や継続や完了」を表す場合に使われますが、**過去完了形**は「過去までの経験や継続や完了」を表す場合に使われます。

公式32　「過去まで」がポイント

例文1では、「完了」を表す過去完了形を使い、「彼女がやって来た」という過去の時点までに、「掃除が完了していた」ということを述べています。

過去完了形は、haveの過去形であるhadに、　◀過去完了形の作り方
動詞の過去分詞形を付けて、had＋Vppという形で表します。

過去完了形の否定文は、hadの後ろにnotを付け、had not Vppという形を使います。had notは、hadn'tと短縮されることもあります。

疑問文は、Had S Vpp?という形にします。これに答える場合は Yes, S had.やNo, S had not[hadn't].と答えます。

66

SECTION 3・・・完了形と助動詞

▶ 未来完了形

また、「未来までの経験や継続や完了」を表すときは、「未来完了形(みらいかんりょうけい)」を使います。

公式33
「未来まで」がポイント

例文2では、未来完了形を使って、「明日」という未来の時点までに、「レポートを終えているだろう」という、未来の時点までの「完了」を述べています。

未来完了形は、will have Vppという形をとります。

◀未来完了形の作り方

未来完了形を否定文にすると、will not have Vppという形になり、疑問文は、Will S have Vpp?となります。

未来完了形の疑問文に答えるときは、Yes, I will.やNo, I will not[won't].のように、willを使って答えます。

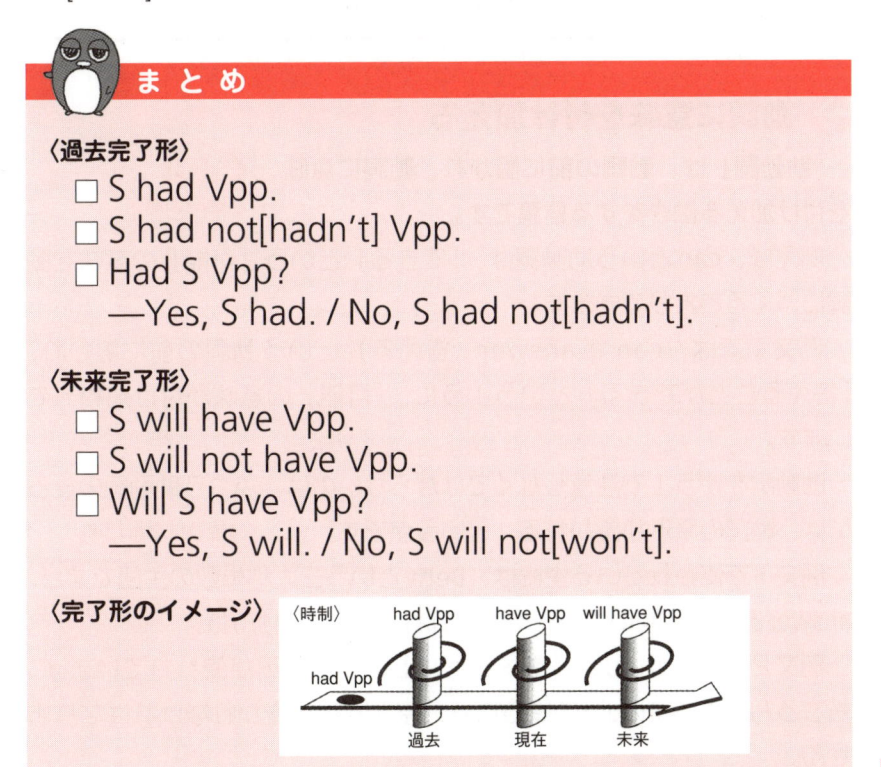

まとめ

〈過去完了形〉
- □ S had Vpp.
- □ S had not[hadn't] Vpp.
- □ Had S Vpp?
  —Yes, S had. / No, S had not[hadn't].

〈未来完了形〉
- □ S will have Vpp.
- □ S will not have Vpp.
- □ Will S have Vpp?
  —Yes, S will. / No, S will not[won't].

〈完了形のイメージ〉

〈時制〉　had Vpp　have Vpp　will have Vpp
had Vpp
過去　現在　未来

UNIT 16 助動詞の使い方

CD-19　例文

> 助動詞の後ろの動詞は必ず原形になるからね

❶ □ Betty can answer all the questions.
❷ □ You should be nice to your boss.

例文訳　❶ ベティーはすべての質問に答えることができる。
　　　　❷ あなたは上司に礼儀正しくしなければならないよ。

➡ 動詞に意味を付け加える

「助動詞」は、動詞の前に置かれ、動詞に意味を付け加える働きをする言葉です。

公式34　助動詞の働き

　例えば、canという助動詞は、「できる」という「可能」の意味を動詞に添えることができます。

　例文1では、can が answer（答える）という動詞の前に置かれ、「答えることができる」というように、「可能」の意味が付け加わっています。

　助動詞を使う上で注意しなくてはならないのは、ふつう助動詞の後ろには、動詞の原形が置かれる、という点です。　◀後ろは原形だよ

　例文1で使われている主語は、Bettyという三人称単数の主語ですが、answerという動詞には、三単現のsは付いていませんね。

　例文2では、should（すべきだ）という助動詞が使われています。もちろん、このshouldの後ろにも、原形動詞が置かれなければなりません。

ここで使われている動詞は、beです。

例文2を、助動詞を使わないで書くと、You are nice to your boss.となりますが、このareの原形であるbeが、shouldの後ろに置かれているのです。

否定文・疑問文

助動詞を使った文の否定文は、助動詞の後ろに否定語のnotを置いて作ります。

公式35
否定文の作り方

例文1を否定文に書き換えると、Betty cannot answer all the questions.となります。

また、**助動詞を使った文の疑問文は、助動詞を文頭に出し、文末に「?」を付けて作ります。** 発音するときは、文末は上げ調子で読みます。

公式36
疑問文の作り方

例文1を疑問文に書き換えると、Can Betty answer all the questions?となります。

この疑問文に対しては、Yes, she can.もしくは、No, she can't.と答えます。他の助動詞を使った疑問文であれば、疑問文で使われている助動詞と同じものを使って答えます。

まとめ

〈助動詞〉　＊助動詞の後ろの動詞は原形
- □ can　　　　　できる　　　□ should　　　すべきだ
- □ may[might]　かもしれない
- □ must　　　　しなければならない、にちがいない
- □ cannot　　　のはずがない、できない
- □ must not　　してはならない

〈助動詞の否定の短縮形〉
- □ cannot ＝ can't　　　□ should not ＝ shouldn't
  ＊can notと離して書くことはごくまれです。

UNIT 17 過去を推察する助動詞表現

慣用句として覚えておくと便利だよ

CD-20　例文

❶ □ He must have missed the train.
❷ □ You should have tried her stew.

例文訳
❶ 彼は電車に乗り遅れたにちがいない。
❷ あなたは彼女のシチューを食べてみるべきだったよ。

➡「助動詞＋have Vpp」で表す

現在から過去のことを思い起こして、「Vだったかも」というように、過去を推察したり、「Vすればよかった」と、過去の行動に対して後悔したりするときに使うのが、「助動詞＋have Vpp」の形を使った表現です。

公式37 過去の推察や後悔を表す

この形は、現在形の助動詞の後ろに、「have＋過去分詞形」という完了形を置いたものです。

➡ 助動詞によってニュアンスが変わる

例文1では、must have missedという形を使い、「（過去において）彼が電車に乗り遅れたにちがいない」と、現在の時点から推量しています。

また、例文2では、should have triedという形で、過去に実際には行わなかったことに対して、「そうすればよかったのに」と、現在の時点から後悔しています。

◀ 覚えて使いこなそう

　この過去を推察する助動詞表現は、よく使われるものが限られているので、1つの慣用句のようにして、まとめて覚えておきましょう。

まとめ

〈過去を推察する助動詞表現リスト〉

- □ cannot have Vpp　　　　Vしたはずがない
- □ may[might] have Vpp　Vしたかもしれない
- □ must have Vpp　　　　 Vしたにちがいない
- □ should have Vpp　　　 Vすべきだったのに
- □ ought to have Vpp　　 Vすべきだったのに
- □ need not have Vpp　　 Vする必要はなかったのに

簡単な英文をつくってみましょう！
かんたん10分エクササイズ

☐ **1** 私はこの会社で15年ずっと働いている。

- 「ずっとVしている」なので、現在完了形を使います。（work for, this company）

☐ **2** 彼はもう昼食を食べてしまった。

- 「もうVしてしまった」は、alreadyを使った現在完了です。「食べる」→eatの過去分詞はeatenと不規則変化をします。haveを使ってもかまいません。（lunch）

☐ **3** 報告書はもう書き終わりましたか。
　　　——いいえ、まだです。

- 現在完了の疑問文です。haveを主語の前に置いて作ります。目的語がreport（報告書）の場合は「書き終わる」はfinish writingでもよいのですが、finishだけでもかまいません。

☐ **4** 私が着いたときには、会議は始まっていた。

- 「私が着いた」のは過去で、その前に「会議は始まっていた」のだから、「会議は…」の部分は過去完了で書きます。（meeting, start, arrive）

☐ **5** 私たちは来月までに事務所の片づけを終えるでしょう。

- 未来の時点までの完了なので、未来完了を使います。「Vするのを終わらせる」は、finishの後にVingを続けます。（put ～ in order）

SECTION 3・・・完了形と助動詞

学習した英文法の知識を使って、以下の日本文を英語に変えてみましょう。カッコの中はキーワードです。

☐ **6** 私はこの問題が解けない。

● 「できない」はcannot[can't]を使います。(solve, problem)

☐ **7** 君は彼の身なりを笑ってはいけない。

● 「してはいけない」という強い禁止は、must notを使います。(laugh at, costume)

☐ **8** 彼女の答えは上司の気分を害したにちがいない。

● 「したにちがいない」は過去のことを現在の時点で推量しているので、「must have Vpp」を使います。(her answer, offend)

☐ **9** 彼がこんな間違いを犯したはずがない。

● 「のはずがない」は過去のことを現在の時点で推量しています。否定なので「cannot have Vpp」を使います。「こんな～」は名詞の後ろにlike thisを付けます。(make, mistake)

☐ **10** 君は彼女の提案を受け入れるべきだったのに。

● 「すべきだった」は「should[ought to] have Vpp」を使います。(accept, offer)

正解と解説 CD-21

1 I have worked for this company for fifteen years.
　S　　V　　　　　　adv　　　　　　adv
▶ UNIT 13 (p. 62)
● 数字で表現する期間を表す前置詞はforです。

2 He has already eaten[had] lunch.
　S　V　　adv　　(V)　　　　O
▶ UNIT 13 (p. 62)

3 Have you finished the report?
　V　　S　　(V)　　　O
— No, I haven't.
　　　S　　V
▶ UNIT 14 (p. 64)

4 The meeting had already started when I arrived.
　　　S　　　V　　adv　　(V)　　adv　s　v
▶ UNIT 15 (p. 66)

5 We will have finished putting our office in order by the next month.
　S　　　V　　　　　O　　　　　　　　adv
▶ UNIT 15 (p. 66)
●「〜までに」という動作の完了はbyという前置詞で表します。

S：主語　V：動詞　O：目的語　C：補語　adv：副詞（句・節）　adj：形容詞（句・節）

SECTION 3・・・完了形と助動詞

正解を声に出しながら、しっかり復習しておきましょう。
正解の英文はCDに収録されています。

☐ **6** <u>I</u> <u>cannot[can't] solve</u> <u>this problem</u>.
    S   V   O

▶ UNIT 16 (p. 68)

☐ **7** <u>You</u> must not <u>laugh</u> <u>at his costume</u>.
    S   V   adv

▶ UNIT 16 (p. 68)

☐ **8** <u>Her answer</u> must <u>have offended</u>
      S   V
<u>her boss</u>.
  O

●bossには「だれの」という所有格を付けましょう。

▶ UNIT 17 (p. 70)

☐ **9** <u>He</u> cannot <u>have made</u> <u>a mistake</u>
    S   V   O
<u>like this</u>.
  adj

▶ UNIT 17 (p. 70)

☐ **10** <u>You</u> should[ought to] <u>have accepted</u>
     S   V
<u>her offer</u>.
  O

▶ UNIT 17 (p. 70)

必勝パターン③

完了形は基準となる時点を
しっかり意識して、
その時点までの「経験」「継続」
「完了」と考えようね！
現在完了形はあくまでも
現在が基準だよ。

SECTION 4

文型のポイントと受動態

　このセクションでは、「自動詞」と「他動詞」の違いを軸に、「基本5文型」を勉強します。簡単に言えば、他動詞は直後に名詞が必ずくっつく動詞、自動詞はそうでない動詞のことです。5文型がきっかけで英語が大嫌いになった人も多いと思いますが、安心してください。ここではできる限り難しい言葉を使わずに、スラスラ文型が理解できるように講義をします。マスターしてみると、英語を使う際には5文型はとっても役立つツールなんですよ。

UNIT 18	自動詞と他動詞	78
UNIT 19	まぎらわしい他動詞と自動詞	80
UNIT 20	第2文型と第5文型	82
UNIT 21	受動態の作り方	84

UNIT 18 自動詞と他動詞

文型を見分けるには、動詞の種類を考えようね

CD-22 例文

① ☐ She lay on the bed.
② ☐ He laid her body on the bed.
③ ☐ Nicole gave us a nice present.

例文訳
① 彼女はベッドに横たわった。
② 彼はベッドに彼女の体を横たえた。
③ ニコルは私たちにすてきなプレゼントをくれた。

5文型とは、「5種類の動詞の使い方」と考えると、非常にわかりやすくなります。

公式38
5文型は動詞で見分けよう

⇒ 自動詞→第1文型、他動詞→第3文型

まず、第1文型と第3文型の違いについて勉強しましょう。

この2つの違いは、動詞の種類の違いです。第1文型で使われる動詞のことを「自動詞」、第3文型で使われる動詞を「他動詞」と言います。

「自動詞」とは、そこで動作が完結しており、直後にピリオドを打っても、文が成立する動詞です。

公式39
自動詞とは

一方「他動詞」は、動作が他に影響を及ぼし、直後に、「～と」「～に」に当たる名詞、すなわち「目的語」と呼ばれる名詞を置かなければ、文が完結しない動詞です。

公式40
他動詞とは

例えば、例文1で使われている動詞 lay ですが、これは「横たわる」という意味の自動詞 lie の過去形です。on the bed の部分は、単なる修

飾語で、layの後ろでピリオドを打っても、この文は成立します。

しかし、例文2で使われている動詞laidは、「横たえる」という意味の他動詞layの過去形なので、laidの後ろでピリオドを打つと、文は成立しません。laidの後ろではなく、目的語に当たるher bodyの後ろで初めてピリオドが打て、文が成立するのです。

このように、「自動詞」の後ろには、目的語は必要ありませんが、「他動詞」の後ろには、必ず目的語が必要となります。

➡ 動詞に2つの目的語→第4文型

次に、第4文型について見てみましょう。

例文3で使われている動詞gaveは、give（与える）の過去形で、giveは目的語を必要とする「他動詞」です。

ただ、このgiveは、「私たちに」という意味でのusと、「すてきなプレゼントを」という意味でのa nice presentという2つの名詞を、目的語としてとっています。

同じ「他動詞」でも、第4文型の他動詞は、第3文型と異なり、「～に～を」というように、目的語を2つとることができるのです。

公式41
目的語を2つとる

まとめ

〈まぎらわしい自動詞と他動詞〉
- □ lie − lay − lain　　　自　横たわる
- □ lay − laid − laid　　 他　横たえる

〈第4文型で使う動詞〉
- □ give A B　　　AにBを与える
- □ buy A B　　　 AにBを買ってあげる
- □ ask A B　　　 AにBをたずねる

UNIT 19 まぎらわしい他動詞と自動詞

> よく使う動詞を覚えておこうね

CD-23 例文

1. ☐ We discussed the plan.
2. ☐ I apologized to her for my bad behavior.

例文訳
1. 私たちはその計画について話し合った。
2. 私は、私のひどいふるまいを彼女に謝罪した。

➡ 自動詞のように見える他動詞

英語の他動詞には、日本語からの連想で、自動詞と間違えやすいものがあるので、注意しておきましょう。

例えば、例文1のdiscussですが、日本語に訳すと「～について話し合う」となるので、この訳から連想して、ついつい動詞の直後に前置詞のaboutを置いてしまいがちです。

しかし、discussは「他動詞」なので、動詞の直後には前置詞は必要なく、直後に目的語の名詞を置かなければならないのです。

公式42
自動詞のような他動詞

➡ 他動詞のように見える自動詞

この逆で、自動詞なのに、ついつい前置詞を置き忘れてしまうタイプの動詞があります。

例文2のapologizeですが、日本語に訳すと「～に謝罪する」となり、一見他動詞のように思えるのですが、実はこれは「自動詞」なのです。

公式43
他動詞のような自動詞

SECTION 4・・・文型のポイントと受動態

直後に、謝罪する相手や理由を置く場合には、 ◀toやforを忘れないで
toやforなどの前置詞が必要となります。
　「他動詞」は、前置詞なしで直後の名詞を目的語にすることができますが、「自動詞」の後ろに名詞を置く場合は、必ず前置詞が必要です。
　日本語からの連想で、「自動詞」と「他動詞」を混同してしまいがちなものは、特に注意して覚えておきましょう。

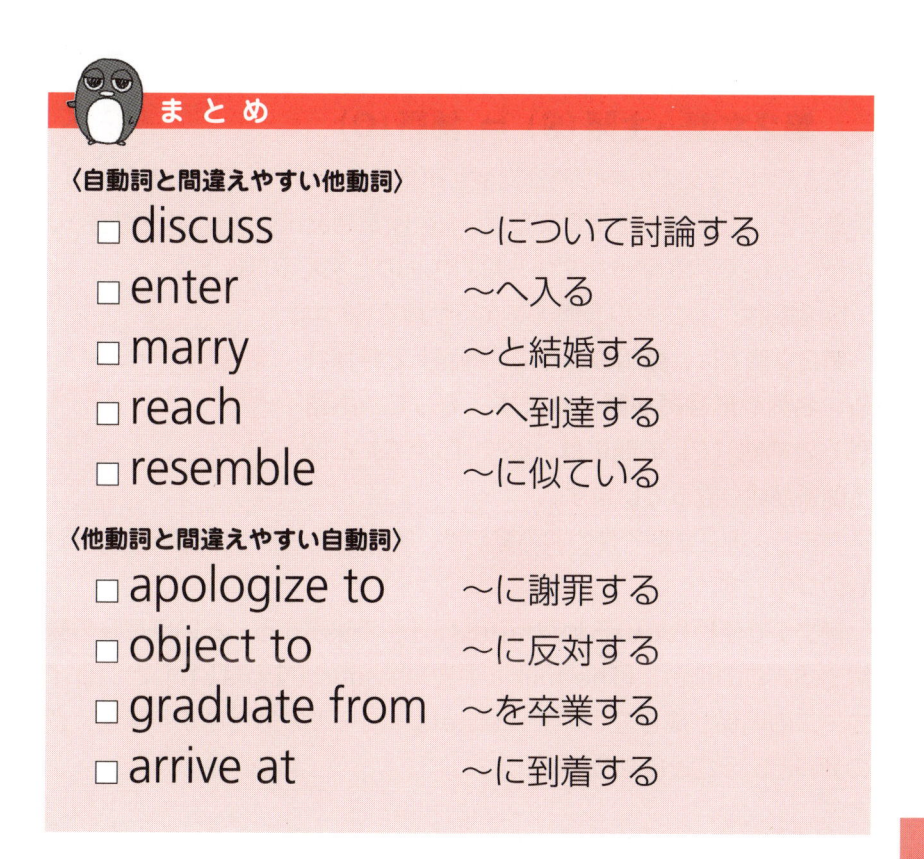

まとめ

〈自動詞と間違えやすい他動詞〉

- □ discuss　　　　　～について討論する
- □ enter　　　　　　～へ入る
- □ marry　　　　　 ～と結婚する
- □ reach　　　　　 ～へ到達する
- □ resemble　　　　～に似ている

〈他動詞と間違えやすい自動詞〉

- □ apologize to　　 ～に謝罪する
- □ object to　　　　～に反対する
- □ graduate from　 ～を卒業する
- □ arrive at　　　　 ～に到着する

UNIT 20 第2文型と第5文型

> イコールの関係をつかむと、第2・第5文型はよくわかるよ

CD-24　例文

❶ ☐ The milk tasted sour.
❷ ☐ His words made us sad.

例文訳　❶ この牛乳はすっぱい味がした。
　　　　❷ 彼の言葉は私たちを悲しい気持ちにした。

➡ 第2文型→主語（S）＝ 補語（C）

　ここでは、5文型の中の第2文型と第5文型について勉強しましょう。
　SVCという形をとる第2文型は、He is a teacher.（彼は先生だ）のように、be動詞を使った文が一般的なものと言えるでしょう。
　be動詞は、イコールの働きをする動詞でしたね。
　第2文型では、動詞の後ろに「補語」と呼ばれる、名詞や形容詞が置かれます。そして、主語（S）と補語（C）の間には、必ず「S＝C」という関係が成り立っています。

公式44
動詞がイコールの働きをする

　つまり、第2文型で使われる動詞は、すべて「イコールの働きをする」ものなのです。
　例文1で使われている動詞tasteは、「〜の味がする」という意味の動詞です。この場合、「The milk（牛乳）＝ sour（すっぱい）」というイコールの関係が成り立つので、tasteはイコールの働きをする第2文型の動詞ということになります。

➡ 第5文型→目的語（O） ＝ 補語（C）

　SVOCという形をとる**第5文型**は、他動詞の後ろに、目的語となる名詞が置かれ、その後ろに補語となる名詞や形容詞が置かれますが、この他動詞の後ろに置かれる目的語（O）と補語（C）の間に、必ず「O＝C」の関係が成り立ちます。

公式45
「目的語＝補語」になる

　例文2では、madeという動詞の後ろにあるOとCの間には、「us（私たち）＝sad（悲しい）」という関係が成り立っていますね。

　madeはmakeの過去形ですが、このように第5文型で使われるmakeには「〜を作る」という意味はなく、「OをCにする」という意味で使われます。

まとめ

〈第2文型で使う動詞〉
- □ taste C　　　Cな味がする
- □ smell C　　　Cな香りがする
- □ become C　　Cになる

〈第5文型で使う動詞〉
- □ make O C　　OをCにする
- □ drive O C　　OをCに駆り立てる
- □ get O C　　　OをCにする

UNIT 21 受動態の作り方

目的語と主語が逆転するのが受動態なんだ

CD-25　例文

❶ ☐ Our teacher is loved by everybody.
❷ ☐ I was spoken to by a stranger.

例文訳　❶ 私たちの先生は皆に好かれている。
　　　　❷ 私は見知らぬ人に話しかけられた。

➡ 「be動詞＋過去分詞形」で表す

　「～がVされる；Vされた」という意味を持つ「受動態」の文は、「～をVする」という意味を持つ「能動態」の文で、もともと目的語だったものを主語として書き換え、目的語と主語の関係を逆転させたものです。

　この「受動態」は、主語の後に「be動詞＋過去分詞形」を置いて表現します。そして、byという前置詞を使って、もともと主語であった動作の主を表します。

公式46　受動態の作り方

　例えば、Everybody loves our teacher.という、第3文型の能動態の文を、目的語を主語にした、受動態の文に変えてみましょう。

　まず、目的語のour teacherを先頭に出し、その直後に「be動詞＋過去分詞形」のis lovedを置きます。そして、動作の主を表すbyの後ろに、もともとの主語だったeverybodyを置きます。

　こうすると、例文1の受動態の文になります。

SECTION 4・・・文型のポイントと受動態

➡ 第4文型は2つの受動態ができる

第4文型の「S V O₁ O₂」を受動態にするには、O₁を主語にする場合、「O₁ be Vpp O₂」となり、O₂を主語にする場合、「O₂ be Vpp to[for] O₁」となります。toやforを使わない文もありますが、toやforを使ったほうが自然とされています。

公式47
第4文型の受動態

第5文型の「S V O C」は「O be Vpp C」という形になります。

原則として、目的語をとる動詞しか受動態に書き換えることはできませんが、自動詞でも受動態にできる場合があります。

例文2は、もともとA stranger spoke to me. という文でした。この文でのspeakは自動詞です。

しかし、speak toで「～に話しかける」というまとまった意味を持っているので、「自動詞＋前置詞」で1つの他動詞と解釈することもできるのです。

◀自動詞を受動態にできることも

こういう場合には、目的語に当たるmeをIという主語に変え、was spoken toというように「be動詞＋過去分詞形＋前置詞」を置き、最後に、もともとの主語をby a strangerとして置くことができます。

to byというように、前置詞が2つ並んでいるので、よく前置詞を1つ落としてしまうのですが、これは2つ並んで正しい文となるので、間違えないように注意しておきましょう。

まとめ

〈受動態の作り方（能動態→受動態）〉

- ☐ S V O.　　　　　→ O be Vpp by S.
- ☐ S V O₁ O₂.　　　→ O₁ be Vpp O₂.
　　　　　　　　　　　→ O₂ be Vpp to[for] O₁.
- ☐ S V O C.　　　　→ O be Vpp C.
- ☐ S V 前置詞＋名詞.　→ 名詞 be Vpp 前置詞 by S.

かんたん10分エクササイズ

簡単な英文をつくってみましょう！

☐ **1** 彼は子供を長椅子の上に寝かせた。

● 「子供」を「寝かせる」（＝横にする）のだから、他動詞を使います。(child, sofa)

☐ **2** 彼女は突然いすから立ち上がった。

● 「立ち上がる」だから自動詞のriseを使います。ただし不規則変化動詞なので気をつけましょう。(suddenly)

☐ **3** 主人は昨日、私にルビーの指輪を買ってくれた。

● 「人に〜を買う」は「buy 人 〜」で表すことができます。(husband, ruby ring)

☐ **4** 社長は8時には事務所に到着するでしょう。

● 「到着する」はreachを使うなら前置詞なしで、arriveを使うならatやinが必要です。未来のことですからwillを使うのを忘れずに。

☐ **5** 彼は大学を卒業したばかりだ。

● 「大学を」に惑わされてgraduate a collegeとしないように。「Vしたばかり」なので現在完了を使います。(just)

SECTION 4・・・文型のポイントと受動態

学習した英文法の知識を使って、以下の日本文を英語に変えてみましょう。カッコの中はキーワードです。

□ **6** このワインは甘い香りがするが、味は酸っぱい。

● 「…の香りがする」はsmellを、「味が…だ」はtasteを使います。いずれも後ろに形容詞を置いてSVCの構文にします。（sweet, sour）

□ **7** 彼女の言葉は私を悲しくさせた。

● 「～を…にする」の構文で、使いやすいのはmakeです。makeの後に目的語を置き、その後にその目的語がどうなったかを示します。（word, sad）

□ **8** 私たちの上司はスタッフ全員から尊敬されている。

● 「Vされている」は受動態を使います。（respect, staff member）

□ **9** 私の母は私の妻に世話を受けている。

● 「～の世話をする」はlook afterを使います。私の母を主語にしたら、look afterを1語の動詞と考えて受動態を作ります。（wife）

□ **10** 彼はその会社に30年勤続したことによって金メダルをもらった。

● 「彼がもらった」は「彼は～を与えられた」と考えて、「give 人 ～」の受動態で書きます。「～に勤続30年」は、「his thirty years' service with ～」と言います。（gold medal, company）

正解は次ページ

87

正解と解説 CD-26

☐ 1 He laid his child on a sofa.
　　　　S　V　　O　　　adv
▶ UNIT 18 (p. 78)

● 「～の上に」はonです。

☐ 2 Suddenly she rose from the chair.
　　　　adv　　S　V　　adv
▶ UNIT 18 (p. 78)

☐ 3 My husband bought me a ruby ring
　　　　　S　　　　V　　O　　O
yesterday.
adv
▶ UNIT 18 (p. 78)

☐ 4 The president will reach the office
　　　　　S　　　　　　V　　　O
at eight.
adv
▶ UNIT 19 (p. 80)

= The president will arrive at the office
　　　S　　　　　　V　　　adv
at eight.
adv

●presidentは役職名のときは無冠詞ですが、人を表すときには冠詞が必要です。

☐ 5 He has just graduated
　　　　S　V　adv　　(V)
from a college.
adv
▶ UNIT 19 (p. 80)

S：主語　V：動詞　O：目的語　C：補語　adv：副詞（句・節）　adj：形容詞（句・節）

SECTION 4・・・文型のポイントと受動態

正解を声に出しながら、しっかり復習しておきましょう。
正解の英文はCDに収録されています。

☐ **6** This wine smells sweet, but tastes sour.
　　　　S　　　V　　　C　　　　　　V
　　　C

▶ UNIT 20 (p. 82)

☐ **7** Her words made me sad.
　　　　S　　　　V　　O　　C

▶ UNIT 20 (p. 82)

☐ **8** Our boss is respected by all the staff members.
　　　　S　　　V　　　　　　adv

▶ UNIT 21 (p. 84)

☐ **9** My mother is looked after by my wife.
　　　　S　　　　　V　　　　　adv

▶ UNIT 21 (p. 84)

☐ **10** He was given a gold medal for his thirty years' service with the company.
　　　　S　　V　　　O　　　　　　adv　　　　　　　　　←adj

▶ UNIT 21 (p. 84)

必勝パターン④

自動詞と他動詞の違いが
わかるようになると、
英文法の世界が見えてきますよ。
これからは辞書で動詞を調べる
ときには、自動詞か他動詞かを
チェックしようね！

SECTION 5

不定詞と動名詞

　このセクションからは、まとめて「準動詞」と呼ばれる、「不定詞」「動名詞」「分詞」「分詞構文」の勉強をします。準動詞とは、動詞の形を変えることによって、動詞以外の別の品詞の働きをさせるもののことを言います。ここで勉強する不定詞は動詞を to V の形に変えることで「名詞」や「形容詞」や「副詞」の働きをさせることができます。また、動名詞は、読んで字のごとしで、動詞を Ving 形に変えることで、「名詞」の働きをさせます。

UNIT 22	不定詞の名詞的用法	92
UNIT 23	不定詞の形容詞的用法	94
UNIT 24	不定詞の副詞的用法	96
UNIT 25	原形不定詞	98
UNIT 26	動名詞の使い方	100
UNIT 27	完了不定詞と完了動名詞	102

UNIT 22 不定詞の名詞的用法

CD-27 例文

> 名詞と同じ働きをする不定詞だよ

❶ ☐ To master a foreign language is difficult for us.
= It is difficult for us to master a foreign language.

❷ ☐ Her help made it possible for us to finish the work.

例文訳　❶ 外国語を習得することは私たちにとって難しい。
　　　　❷ 彼女の助けによって、私たちは仕事を終わらせることができた。

　「to ＋動詞の原形」という形で表される「不定詞」は、名詞、形容詞、副詞の3つの品詞の働きをします。

公式48 不定詞の3つの働き

　まずここでは、「Vすること」という意味の、名詞として使われる「名詞的用法」について学びます。

公式49 名詞的用法

　例文1では、不定詞のTo master a foreign languageは、主語の位置に置かれていますね。
　ふつう、主語の位置には名詞がくるので、この不定詞は名詞の働きをしていることがわかります。

➡ 形式主語のit

　英語では、このような主語の長い文は不格好だとされているので、主語を便宜上itに置き換え、

公式50 本当の主語は後ろに

本当の主語を後回しにすることがあります。
　このような便宜上置かれる主語のitのことを「仮主語」もしくは「形式主語のit」と言っています。
　例文1の下の文は、この形式主語のitを使い、不定詞の部分を後回しにして書き換えたものです。
　不定詞の前に見えるforは、「だれだれが」「だれだれにとっての」というような意味の「不定詞の意味上の主語」を示します。

◀ forは意味上の主語を示している

　不定詞の意味上の主語を置きたいときは、不定詞の前にforという前置詞を使います。
　こうして文を書き換えると、「It is ... for ～ to V」という形で、「～がVするのは…だ」という意味を持つ不定詞を使った構文ができるのです。

➡ 形式目的語のit

　例文2では、make O CのOの位置にitが使われていて、その後ろにto finish the workという不定詞が置かれています。本来のmakeの目的語は、to finish the workという名詞的用法の不定詞部分です。
　しかし、**SVOCのOの部分には、不定詞などの通常の名詞以外の要素を置くことはできない**ので、これをいったんitに置き換え、不定詞などの長いものを後回しにしているのです。

公式51
itがOを導く

　このようなitのことを「形式目的語のit」と言います。

まとめ

〈不定詞の名詞的用法〉
to V　「Vすること」
□ It is ... (for ～) to V.　　（～が）Vするのは…だ
□ S V it C to V.　　　　　　it＝to V

UNIT 23 不定詞の形容詞的用法

> 不定詞が形容詞のように名詞にかかることに注目!

CD-28　例文

❶ □ I need something cold to drink.
❷ □ I don't have a house to live in.

例文訳
❶ 私は何か冷たい飲み物が欲しい。
❷ 私は住む家がない。

➡ 主語・述語の関係、イコールの関係が基本

　ここでは、「Ｖするという」「Ｖするための」という意味の「形容詞的用法」について見ていきましょう。

公式52 形容詞的用法

　例えば、He was the first man to come.（彼は一番にやって来た人だった）のような文では、**修飾される名詞と後ろに続く不定詞の間には、「男がやって来る」というような主語と述語の関係が成り立ちます**ね。

公式53① 主語・述語の関係

　また、the plan to go to America（アメリカに行くという計画）のような句では、the plan（計画）＝to go to America（アメリカに行くこと）というように、**イコールで結びつく関係が成り立ちます**。

公式53② イコールの関係

　このように、主語・述語の関係があったり、イコールで結びつく関係があったりする形容詞的用法の不定詞はさほど問題ないのですが、次の用法には要注意です。

SECTION 5・・・不定詞と動名詞

➡「名詞 to V」の後ろは名詞が脱落する

それは、「Vするための名詞」という意味で、形容詞的用法の不定詞が使われている場合です。

例文で使われている不定詞を見てみましょう。ここでは、「飲むための何か」「住むための家」というように、「Vするための名詞」という意味で不定詞が使われていますね。

このとき、不定詞の動詞とその直前の名詞の間には、「何かを飲む」「家に住む」というように、目的語と他動詞のような関係が成り立っているのです。こうした関係がある場合、名詞 to V の後ろは名詞が脱落した不完全な終わり方をします。

例文1では、drink という他動詞は、本来目的語がなければ不完全ですよね。例文2では、live in の in は前置詞ですから、直後には名詞が置かれなければいけません。しかし、どちらも他動詞や前置詞の後ろに名詞は置かれていません。

このように、**形容詞的用法の不定詞に「Vするための名詞」という関係がある場合は、不定詞の動詞の後ろは名詞が抜けた状態でなければならないのです。**

公式54
Vするための名詞

なお、名詞が抜けている状態を表す場合、本書では「φ」（ファイ）という記号を使って表します。

まとめ

〈不定詞の形容詞的用法〉

　　名詞 to V　　Vするという名詞、Vする名詞、Vするための名詞

〈「Vするための名詞」という関係がある場合〉

　　名詞 to V φ　　名詞が脱落した不完全な終わり方
　　　　　　└他動詞
　　　　　　└自動詞＋前置詞

φ：名詞が抜けているという印

UNIT 24 不定詞の副詞的用法

> 副詞と同じ働きをする不定詞だよ

CD-29　例文

❶ ☐ Jack came to Japan to study Japanese.
❷ ☐ I woke up to find myself lying on the bed.

例文訳
❶ ジャックは日本語を勉強するために日本に来た。
❷ 私は気がつくとベッドの上に横たわっていた。

➡ 副詞的用法にはさまざまな意味がある

　次に、「Vするために」のような意味で使われる「副詞的用法」について見ていきましょう。

　例文1では、to study Japanese（日本語を勉強するために）の不定詞の部分が、came to Japan（日本に来た）という動詞を修飾しているので、この不定詞は副詞の働きをしていると考えることができます。

　副詞的用法の不定詞には、このように**「Vするために」**という「**目的**」を表す用法に加え、**「Vして」**という「**感情の原因**」を表す場合や、**「Vするほど」**という「**程度**」を表す場合、**「Vするならば」**という「**条件**」を表す場合、**「Vするとは」**という「**判断の根拠**」を表す場合など、さまざまな使い方があります。

公式55 使い方はさまざま

SECTION 5・・・不定詞と動名詞

🔶 結果を表す用法は熟語のように覚えよう

副詞的用法で特に注意が必要なのは、「そして Vする」という意味の結果を表す副詞的用法の不定詞です。

公式56
「そしてVする」

例文2では、wake up to find（目覚めると…とわかる）というように、結果を表す不定詞が使われています。

このような結果を表す副詞的用法の不定詞は、よく使われる表現が限られているので、熟語のようにしてまとめて覚えておくといいでしょう。

まとめ

〈結果を表す不定詞〉

- □ …only to V　　　　　…そして結局Vするだけだ
- □ wake up to find…　　目覚めると…とわかる
- □ grow up to be…　　　成長して…になる
- □ live to be 年齢　　　　～歳まで生きる
- □ …never to V　　　　…そして決してVしない

UNIT 25 原形不定詞

動詞といっしょに用法を覚えてしまおうね

CD-30　例文

❶ □ The manager made us work overtime.
❷ □ He was seen to enter the room.

例文訳　❶ 部長は私たちに残業をさせた。
　　　　❷ 彼は部屋に入るところを見られた。

➡ 原形不定詞をとる動詞は限られている

「ask ～ to V」や「tell ～ to V」のように、「他動詞＋目的語＋to 不定詞」の構文はたくさんあります。

でも、例文１では、usの後ろにtoがありませんね。makeやletなど、いくつかの動詞の後ろでは「目的語＋原形動詞」という形が使われるのです。このような原形動詞のことを「原形不定詞」と呼びます。

公式57
「目的語＋原形不定詞」

原形不定詞をとる動詞は限られていて、それらをしっかりと覚えておかなければなりません。

まずは、「見る」「聞く」などの意味を表す知覚動詞と呼ばれる動詞のグループです。例えば、seeなどの動詞の後ろでは、I saw him enter the room.のようにtoを使いません。

また、「強制的に目的語にVさせる」という意味のmakeも原形不定詞の形をとります。さらに、「目的語がVするのを許可する」という意味のletも原形不定詞となります。

haveという動詞も原形不定詞をとりますが、この動詞は立場が上の

人が立場が下の人に、「Vさせる」「Vしてもらう」場合に使います。
　helpという動詞も原形不定詞の形をとりますが、この動詞の場合は、to不定詞を使って表現することもできます。例えば、I helped her carry the bag.としても、I helped her to carry the bag.としてもいいのです。

受動態にするとtoが必要

　原形不定詞には、もう１つ気をつけておかなければならないことがあります。**原形不定詞を使った文を受動態にした場合は、例文２のように、to不定詞を使わなければならないのです。**

公式58　原形不定詞の受動態

　このルールに関しては、知覚動詞やmake、helpに関して当てはまります。haveやletを使うパターンはふつう受動態にはしません。

まとめ

〈知覚動詞〉
- □ see 〜 V　　　〜がVするのを見る
- □ hear 〜 V　　〜がVするのを聞く
- □ feel 〜 V　　 〜がVするのを感じる

〈その他〉
- □ make 〜 V　　〜にVさせる（強制）
- □ let 〜 V　　　〜にVさせてやる（許可）
- □ have 〜 V　　〜にVさせる・してもらう（強制・依頼）
- □ help 〜 (to) V　〜がVするのを手伝う

＊原形不定詞を使った文を受動態にする場合はto不定詞を使う

UNIT 26 動名詞の使い方

CD-31　例文

> 動名詞は名詞と同じ働きをするよ

❶ ☐ My hobby is walking in the mountains.
❷ ☐ I enjoy talking with you.

例文訳　❶ 私の趣味は、山歩きです。
❷ 私はあなたと話すことを楽しむ。

➡ 動詞との相性に注意しよう

「動名詞」は、動詞の形をVingに変えて、「Vすること」のような意味を持たせることができる用法で、文中で名詞の働きをします。

公式59　文中で名詞の働き

例えば、例文1にある、walking in the mountains（山歩きをすること）という部分が、本来、名詞が置かれるべき補語の部分に置かれています。例文2でも、talking with youという動名詞が、本来、名詞が置かれるべき、enjoyという動詞の目的語の位置に使われていますね。

名詞の働きをするものには、他に不定詞があるのですが、動名詞と不定詞はいつも同じような場所で使われるとは限りません。

例えば、例文2のenjoyは動名詞を目的語にとることはできますが、不定詞を目的語にとることはできません。このような**動名詞のみを目的語にとる動詞**には、enjoyの他にfinish、mindなどがあります。

公式60　目的語は動名詞のみ

反対に、不定詞のみを目的語にする動詞もあり、それにはplan、promise、wishなどがあります。不定詞には未来的な意味が含まれているため、こうした未来志向の動詞

◀ 不定詞のみを目的語に

の後ろで使われることが多いと言えます。likeのように、動名詞、不定詞どちらも目的語にとれる動詞もあります。

◀動名詞、不定詞どちらでも

➡ 動名詞か不定詞かで意味が変わる

しかし、目的語に動名詞をとるか不定詞をとるかで意味が大きく変わってしまう動詞もあるので注意が必要です。

この代表的な動詞がrememberです。remember Vingの場合は「Vしたのを覚えている」、remember to Vは「未来にVすることを覚えておく」という意味になります。この違いを覚えるとき、**不定詞には未来的な意味合いがある**、と覚えておくと混同しにくくなります。

公式61
不定詞は「未来的」

動名詞の意味上の主語を表したい場合は、Tom playing tennis（トムがテニスをすること）のように、動名詞の前に意味上の主語である名詞を置きます。代名詞の場合は、my playing tennis（私がテニスをすること）のように、動名詞の前に所有格の代名詞を置きます。口語では、me playing tennisというように目的格になることもあります。

まとめ

〈Vingをとるもの〉
- ☐ enjoy Ving　　　　Vすることを楽しむ
- ☐ finish Ving　　　　Vし終える

〈to Vをとるもの〉
- ☐ plan to V　　　　　Vすることを計画する
- ☐ promise to V　　　Vすることを約束する

〈両方とるもの〉
- ☐ remember to V　　未来にVすることを覚えておく
- ☐ remember Ving　　Vしたのを覚えている

UNIT 27 完了不定詞と完了動名詞

完了形have＋Vppを使うのがポイントだよ

CD-32 例文

① ☐ She seems to have been a beauty in her day.
② ☐ I am ashamed of having stolen the money.

例文訳 ① 彼女は若いときには美人だったように思える。
② 私はそのお金を盗んだことを恥ずかしく思っている。

➡ 主文と時間のズレがあるときに使う

　不定詞や動名詞の部分が、主文の表す時間よりも過去の出来事である場合、その部分には「完了不定詞」や「完了動名詞」という形を使います。

公式62
主文より過去なら

　例文1では、年をとっている現在の彼女を見て、「若いころは美人だっただろう」と言っている状況が考えられます。

　現在の彼女を見て思えることと、「彼女は若いときに美人だった」こととの間には時間のズレがありますね。

　こういう場合、to have been a beautyという完了不定詞を使って過去の内容を表します。

　例文2においては、「私が恥ずかしく思っている」のは現在ですが、「お金を盗んだ」のは過去のことです。

　この場合もやはり動名詞の部分の表す時間は主文よりも過去のことなので、having stolenという完了動名詞を使って表現します。

SECTION 5・・・不定詞と動名詞

➡ to have Vpp / having Vppで作る

公式63 完了不定詞・完了動名詞の作り方

「完了不定詞」は、不定詞のtoの後ろに「have Vpp」を置いた形、「完了動名詞」は「having Vpp」という形のことを言います。

こうすることで、「Vしたこと」というように、主文よりも過去の時制を表す不定詞や動名詞を作ることができるのです。

不定詞や動名詞は、to VやVingといった決まりきった形だけではなく、さまざまな形に変化して使われます。不定詞や動名詞の変化形は、きちんと整理して頭の中に入れておきましょう。

まとめ

〈完了不定詞と完了動名詞〉
- □ 完了不定詞　　to have Vpp
- □ 完了動名詞　　having Vpp

〈不定詞・動名詞の活用〉

	不定詞	動名詞
原形	to V	Ving
否定形	not to V	not Ving
意味上の主語	for 〜 to V	所有[目的]格＋Ving
受動態	to be Vpp	being Vpp
完了	to have Vpp	having Vpp
完了＋受動態	to have been Vpp	having been Vpp

簡単な英文をつくってみましょう！

かんたん10分エクササイズ

☐ **1** 君はもっと一生懸命仕事をすることが必要だ。(itを主語にして)

● 主語にitを置いて、形式主語で書いてみましょう。「仕事をすること」の部分を不定詞で書きます。「一生懸命」がhardですからharderと比較級を使います。(necessary)

☐ **2** その騒音のために、私たちはその問題に集中するのが難しかった。(the noiseを主語にして)

● 「騒音が…を難しくした」と考えて、「make it for ～ to V」の構文を使います。(concentrate on the matter)

☐ **3** 私たちはその会議で提案すべき計画を持っていなかった。

● 「提案すべき計画」の部分は、proposeを不定詞にしてplanを後ろから修飾させます。否定文なので「didn't have any ～」を使います。(meeting)

☐ **4** 彼は留学するために、貯金をしている。

● 「Vするために」はto Vで書きます。「貯金をしている」は進行形で書きましょう。(save up, study abroad)

☐ **5** 私たちの上司は、私たちが勤務時間中にたばこを吸うのを許さない。

● 「～がVするのを許す」は「let 人 V」で書きます。Vの部分は動詞の原形です。(during working hours)

SECTION 5 ・・・ 不定詞と動名詞

学習した英文法の知識を使って、以下の日本文を英語に変えてみましょう。カッコの中はキーワードです。

☐ 6　彼は事務所をこっそり抜け出すところを上司に見られた。

● 「Vするのを見られる」は知覚動詞を使った「see 〜 V」の受動態を使います。そのときにVは to V になるのを忘れないようにしましょう。(sneak, out of)

☐ 7　私に隣の部屋からその書類を取ってきてくれませんか。
　　── いいですよ。

● mind Ving で「Vすることを嫌がる」という意味ですが、疑問文に用いると「Vしてくれませんか」という、ていねいな依頼になります。引き受けるときの答えが否定になることに注意しましょう。(fetch, document, next room, not at all)

☐ 8　君は自分の部下たちにそのことについて話したのを覚えているかい？

● 「Vしたことを覚えている」は、remember Ving で書きます。(subordinate)

☐ 9　彼はプロのサッカー選手だったと言われている。

● 「…と言われている」は「be said to V」で書きます。言われているのは現在ですが、サッカー選手だったのは昔のことなので、そのVの部分が完了形になります。(professional football player)

☐ 10　彼女は3人の子供を立派に育てたことを誇りにしている。

● 「誇りにしている」は「be proud of 〜」です。誇りにしているのは現在ですが、育て終わっているのですから完了動名詞を使います。(bring up, decently)

正解と解説 　CD-33

1 It is necessary for you to work harder. ▶ UNIT 22 (p. 92)
　　S V　　C　　　adv　　　　(S)

2 The noise made it difficult for us to concentrate on the matter.
　　　S　　　V　 O　 C　　 adv　　　(O)

● noise は複数でもかまいません。

3 We didn't have any plan to propose at the meeting. ▶ UNIT 23 (p. 94)
　　 S　　　　V　　　O　　←adj　　adv

● We had no plan ... と書くこともできます。

4 He is saving up to study abroad. ▶ UNIT 24 (p. 96)
　　S　　V　　　　adv

5 Our boss doesn't let us smoke during working hours. ▶ UNIT 25 (p. 98)
　　　S　　　　　V　O　C　　　　adv

S：主語　V：動詞　O：目的語　C：補語　adv：副詞（句・節）　adj：形容詞（句・節）

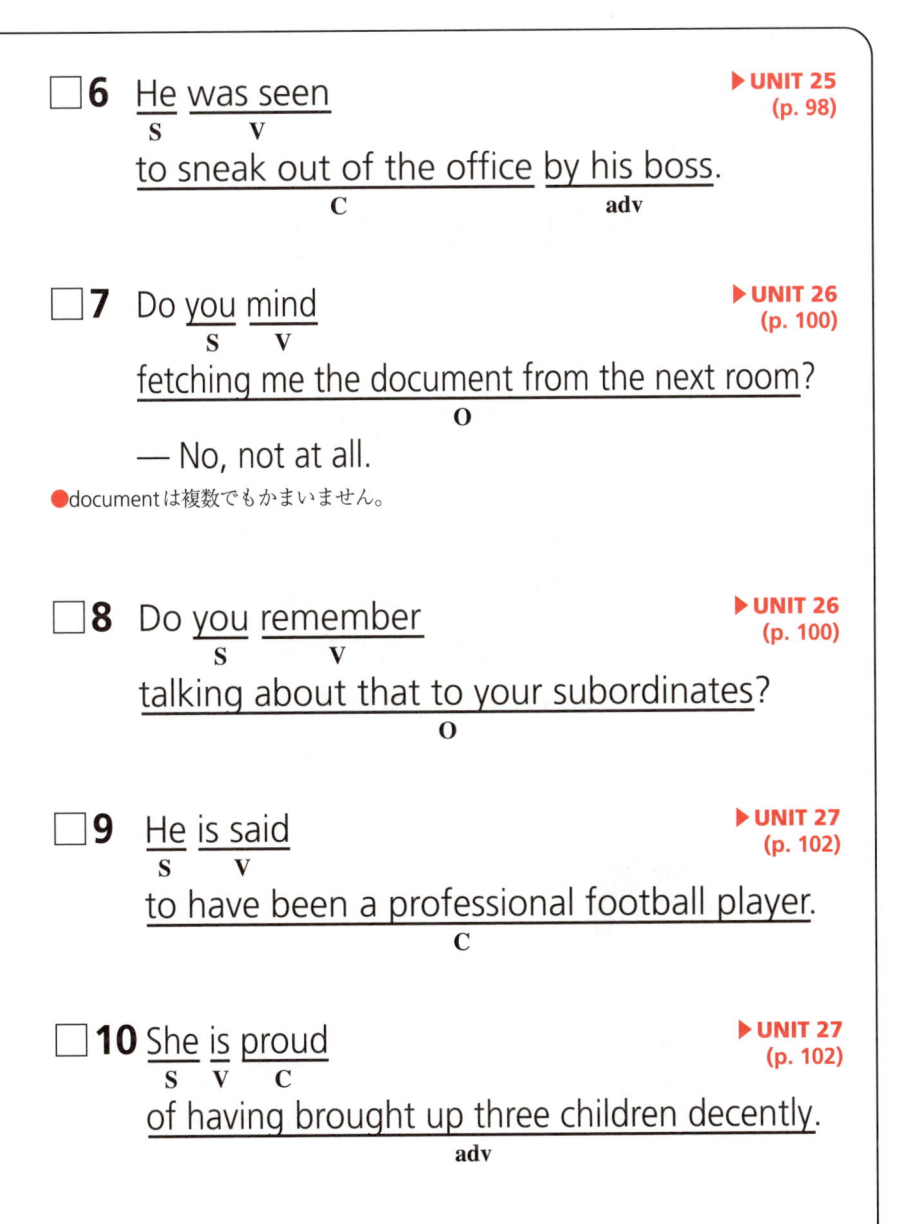

SECTION 5・・・不定詞と動名詞

正解を声に出しながら、しっかり復習しておきましょう。
正解の英文はCDに収録されています。

☐ **6** He was seen to sneak out of the office by his boss.
　　　S　V　　　　　　C　　　　　　　　　adv

▶ UNIT 25 (p. 98)

☐ **7** Do you mind fetching me the document from the next room?
　　　　S　V　　　　　　　　O
— No, not at all.

●documentは複数でもかまいません。

▶ UNIT 26 (p. 100)

☐ **8** Do you remember talking about that to your subordinates?
　　　　S　V　　　　　　　O

▶ UNIT 26 (p. 100)

☐ **9** He is said to have been a professional football player.
　　　S　V　　　　C

▶ UNIT 27 (p. 102)

☐ **10** She is proud of having brought up three children decently.
　　　　S　V　C　　　　　　　　adv

▶ UNIT 27 (p. 102)

必勝パターン⑤

不定詞も動名詞も
もともとは動詞だったのに、
姿を変えて名詞や副詞や形容詞の
働きに変わってしまいました。
人間が魚に変わった半魚人の
ようなものですね！

SECTION 6

分詞と分詞構文

　このセクションでは、残った準動詞――「分詞」と「分詞構文」を勉強します。「分詞」とは動詞を、Ving形やVpp形に変えることによって、「形容詞」のような働きをさせる用法のことを言います。また、分詞構文は、やはり、動詞をVing形やVpp形に変えるのですが、こちらは「副詞」のような働きをして、「ので」「とき」「ならば」「ながら」など、さまざまな意味で、主文を修飾する部分を作ります。分詞でも分詞構文でも、Ving形は「する」という能動的な意味、Vpp形は「される」という受動的な意味を持ちます。

UNIT 28	現在分詞と過去分詞	110
UNIT 29	付帯状況のwith	112
UNIT 30	分詞構文の基本	114
UNIT 31	受動分詞構文	116

UNIT 28 現在分詞と過去分詞

> 前から修飾するものと後ろから修飾するものがあるよ

CD-34　例文

❶ □ Look at the people sitting on the grass.
❷ □ Excited spectators rushed to the gate.

例文訳　❶ 芝生の上に座っている人々を見なさい。
　　　　❷ 興奮した観客が門に押し寄せた。

➡ 分詞は形容詞の働きをする

「分詞」とはVingやVppという動詞の変化形で、形容詞の働きをするものを言います。

公式64 分詞は形容詞の働き

Ving形の「現在分詞」は、「Vする」「Vしている」という意味で使われます。

公式65 現在分詞→「する」「している」

例文1の、sitting on the grass（芝生の上に座っている）は、動名詞ではなく分詞です。この部分はpeople（人々）という名詞を、後ろから修飾していますね。名詞を修飾しているのですから、形容詞の働きをしている「分詞」と言えます。

現在分詞は、sitting on the grassのように、修飾部分と合わせて2語以上の句になるときは、名詞を後ろから修飾します。しかし、Look at the running dog.（走っている犬を見なさい）のように、分詞がrunningという1語の場合には、名詞を前から修飾することができます。

Vpp形の「過去分詞（かこぶんし）」は、「Vされる」「Vされた」という意味で使われます。

公式66
過去分詞→「される」「された」

　例えば、broken window（壊された窓）という場合、brokenがwindowという名詞を修飾しています。また、This is the doll made by my mother.（これは私の母親によって作られた人形だ）という場合は、修飾語が2語以上なので、後ろからdollという名詞を修飾します。

➡️ 「させる」動詞に要注意

　分詞に関して、特に注意しなければならないのは、「させる」という意味を含んだ動詞を分詞にする場合です。

　例文2で使われている、exciteという動詞は、「興奮する」という意味ではなく、「興奮させる」という意味を持っています。

　この動詞をVing形のexcitingとすると、「興奮させるような」という意味になり、Vpp形のexcitedとなると、「興奮させられた」すなわち「興奮した」という意味になるのです。　◀まぎらわしいので注意してね

　例文2の場合、主語である「観客」は「興奮させた」のではなく、「興奮させられた」はずですね。だから、excitedという過去分詞形が使われているのです。

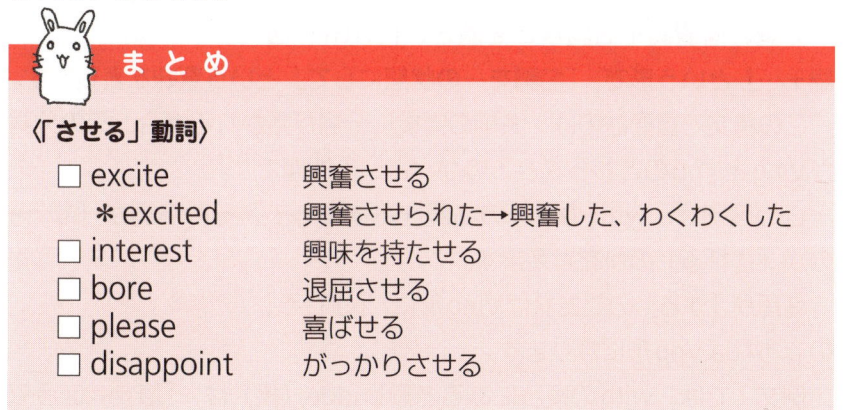

まとめ

〈「させる」動詞〉
- ☐ excite　　　　興奮させる
  - ＊ excited　　興奮させられた→興奮した、わくわくした
- ☐ interest　　　興味を持たせる
- ☐ bore　　　　退屈させる
- ☐ please　　　喜ばせる
- ☐ disappoint　 がっかりさせる

UNIT 29 付帯状況のwith

分詞を現在分詞にするか過去分詞するかがポイントだよ

CD-35　例文

❶ □ We can't go across the river with the bridge broken.

❷ □ I had my purse stolen in the train.

例文訳　❶ 橋が壊れているので、私たちは川を渡ることができない。
　　　　❷ 私は電車の中で財布を盗まれた。

➡「with＋名詞＋…」で表す

　withという前置詞は、「持って」や「いっしょに」という意味で使われる以外に、「付帯状況のwith」という構文で使われることがあります。

　この構文は、withの後ろに、名詞と、形容詞や分詞、前置詞＋名詞などを置き、「with＋名詞＋…」という形で、「名詞を…の状態にして」という意味を表します。

公式67
付帯状況withの構文

　この構文で重要なのは、名詞の直後に分詞が置かれる場合、その分詞がVingとVppのどちらをとるのか、という問題です。

　この区別は、withの直後の名詞を基準にして、その名詞が「する」のか「される」のかを考えます。

　名詞が「する」のであればVing形に、「される」のであればVpp形になります。

◀ 能動→Ving
　受動→Vpp

　例文1では、withの後ろにある名詞bridge（橋）は、「壊す」ほうで

はなく、「壊される」ほうですね。ここでは、「橋が壊された状況で」という意味になる過去分詞形のbrokenが使われています。

　日本語に訳すと、「橋が壊れているので」と言うほうが自然なので、このような日本語に惑わされて、「している」「する」という意味を持つ現在分詞にしないように気をつけなければなりません。

➡ 「have ～ Vpp」の構文

　例文2も分詞を使った文ですが、ここで使われているのは、have ～ Vppで、「～をVされる」「～をVしてもらう」という意味になる構文です。

公式68 目的語が「される」

　このhave ～ Vppの構文でも、目的語の位置にある名詞と過去分詞形の間に、「される」という受動の関係があることに注意しましょう。

　例文2では、財布は「盗む」ほうではなく、「盗まれる」ほうなので、過去分詞形のstolenが使われているのです。

　このhave ～ Vppは、get ～ Vppと書き換えることもできます。

まとめ

〈分詞を使ったさまざまな構文〉

- □ with 名詞 Ving（名詞が「する」場合）
  　　　　　Vpp（名詞が「される」場合）　名詞を…の状態にして

- □ have ～ Vpp
  　= get ～ Vpp　　～をVされる、～をVしてもらう

UNIT 30 分詞構文の基本

> 分詞構文は副詞の役割をするんだ

CD-36　例文

❶ □ Knowing the story, he couldn't enjoy the movie.

❷ □ Having eaten lunch, he went out to buy ice cream.

例文訳　❶ 話を知っていたので、彼は映画を楽しめなかった。
　　　　❷ 昼食を食べ終わったので、彼はアイスクリームを買いに行った。

➡ 文全体や動詞を修飾する

「分詞構文」とは、動詞のVing形で、文全体や動詞を修飾し、副詞のような働きをするものを言います。

公式69 副詞の働きをする

例文1では、Knowing the story（話を知っていたので）という分詞構文の部分が、couldn't enjoy（楽しめなかった）という動詞を修飾して、副詞的な働きをしていますね。

分詞構文には、「Vするので」という「理由」、「Vするとき」という「時」、「Vするならば」という「条件」、「Vして；Vしながら」という「付帯状況」、「Vするけれども」という「譲歩」、「そしてVする」という「結果」など、さまざまな意味があります。

公式70 意味は文脈で理解する

ただ、分詞構文の意味は、そもそもあいまいなものなので、訳を厳密に追求するのではなく、文脈から適当に当てはめていけばいいのです。

分詞構文で注意すべきことは、分詞構文の主語　◀主語が一致する

と、主文の主語が同じでなければならない、ということです。

例文1では、「話を知っている」のも「彼」、「楽しめない」のも「彼」で、分詞構文の主語と主文の主語は同じですね。

意味は近くても、この文をKnowing the story, the movie was not interesting.と書くことはできません。

分詞構文と主文の時制

もう1つ注意しなくてはならないのは、通常のVingの分詞構文の場合、分詞構文の表す時間と主文の表す時間は同じ ◀時制も一致が原則
だ、ということです。例文1では、「話を知っている」のも、「映画を楽しめなかった」のも、同じ時点の出来事ですね。

それでは、分詞構文の表す時間が、主文の表す時間より前の場合はどうすればいいのでしょうか。例文2では、「昼食を食べ終わった」その後に、「アイスクリームを買いに出かけた」わけですから、分詞構文の表す時間は主文の表す時間より前ということになります。

このように**分詞構文の表す時間が主文の表す時間よりも前である場合には、having Vppという分詞構文の形を使います。**これで、「Vしたので」「Vしたけれども」というように、主文より過去の意味の分詞構文を作ることができます。

公式71
主文より過去の分詞構文

まとめ

〈分詞構文の持つ意味〉
- ☐ 意味はあいまいなので文脈から判断する

〈分詞構文の注意点〉
- ☐ 主語が同じ
- ☐ 表す時間が同じ

〈主文より過去の時点を表す分詞構文〉
- ☐ Having Vpp

UNIT 31 受動分詞構文

> 分詞構文は受け身にもできるよ

CD-37　例文

❶ □ Seen from here, the mountain looks like a human face.
❷ □ Damaged by the storm, the bridge is not usable.

例文訳　❶ ここから見ると、山は人の顔のように見える。
❷ 嵐による被害で、橋は使い物にならない。

➡ 過去分詞で始めるのがふつう

　When it is seen from here, the mountain looks like a human face. という文を分詞構文を使った文にすると、従節のbe動詞をVing形にして、Being seen from here, the mountain looks like a human face. という文になりますね。

　しかし、受動態の分詞構文では、通常、文頭にbeingという言葉はあまり使われず、過去分詞形だけが前に出てSeen from hereのような形になります（例文1）。

　このような、**受動態の分詞構文で、過去分詞形だけが前に残った分詞構文**のことを、「**受動分詞構文**」と呼んでいます。

公式72
受動分詞構文とは

SECTION 6・・・分詞と分詞構文

▶ 過去時制の場合も同じ形が可能

それでは、Because it was damaged by the storm, the bridge is not usable.という文を、分詞構文を使った文に書き換えるとどうなるでしょうか。

この場合は、「過去に嵐によって被害を受けた」のと「現在、橋が使えない」こととの間に時間のズレがあるので、Having been damaged by the storm, the bridge is not usable.となるはずですね。

しかし、この場合も先ほどと同様にhaving beenを省略してしまうことがあり、Damaged by the stormという形だけが残るのです（例文2）。

つまり、**受動分詞構文では時間のズレを示す必要がなく、主文より前の時点のことでも先頭に過去分詞形を使うことができる**のです。

公式73
時間のズレは示す必要がない

ふつうの分詞構文と受動分詞構文を区別する場合には、日本語の意味にとらわれず主文の主語を基準にして考えます。

主文の主語が「する」のであればVingを使い、主文の主語が「される」「された」のであればVpp形を使います。

公式74
能動か受動の区別

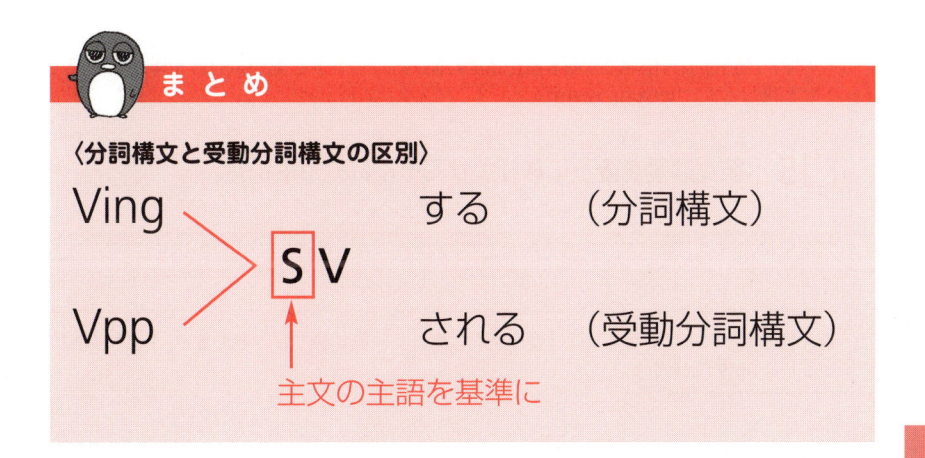

まとめ

〈分詞構文と受動分詞構文の区別〉

Ving	する	（分詞構文）
＞ S V		
Vpp	される	（受動分詞構文）

↑ 主文の主語を基準に

かんたん10分エクササイズ

簡単な英文をつくってみましょう！

☐ **1** 入り口のところに立っている男は新入社員だ。

- 「男」を「入り口のところに立っている」が修飾しているので、the man の後ろから現在分詞で修飾します。（by the door, a recruit）

☐ **2** 昨日、ドキドキするサッカーの試合をテレビで見た。

- 「ドキドキする」は「見る側を興奮させる」と考えて exciting を使います。1語で修飾するので、game を前から修飾します。（watch）

☐ **3** 興奮した乗客は出口に殺到した。

- 「興奮した」は「乗客」を修飾しますが、excite は「興奮させる」という意味なので、excited を使います。1語で修飾するので、「乗客」の前に置きます。（passenger, rush, exit）

☐ **4** 彼の講義に退屈した学生はあくびばかりしていた。

- 「彼の講義に退屈した」が「学生」を修飾します。bore は「退屈させる」という動詞なので、「学生」は「退屈させられた」と考えます。「V ばかりする」は「do nothing but V」と表現します。（lecture, yawn）

☐ **5** 彼女は髪を後ろになびかせてそこに立っていた。

- 「髪を後ろになびかせて」は「髪が後ろに流れている状態で」と考えます。「後ろに流れる」は flow back です。

SECTION 6 ・・・ 分詞と分詞構文

学習した英文法の知識を使って、以下の日本文を英語に変えてみましょう。カッコの中はキーワードです。

☐ 6 彼女は目を涙でいっぱいにして上司の話を聞いていた。

● 「目を涙でいっぱいにして」は「目が涙で満たされている状態で」と考えて「eyes filled with tears」とします。（listen to）

☐ 7 私は有名な写真家に写真を撮ってもらった。

● 「〜を…してもらう」は「have ＋ 目的語 ＋ Vpp」で表します。（photo, take, photographer）

☐ 8 ひどく具合が悪かったので、彼は出張を延期しなければならなかった。（分詞構文で）

● 前半の理由の部分を分詞構文で書きます。主語は「彼」ですから、beingで書き始めます。「しなければならない」は「have to V」を使いますが、過去であることに注意しましょう。（so ill, put off, business trip）

☐ 9 報告書を書き上げてから、彼は事務所を出た。（分詞構文で）

● 「事務所を出た」前に「報告書を書きあげた」のだから、分詞構文の部分は完了形を使います。（report, leave, office）

☐ 10 ちょっと離れてみると、その島は軍艦のように見えた。（分詞構文で）

● この文の主語は「その島」ですから、日本語では「見ると」でも英語では「見られると」と考えます。ここでは「眺める」という意味のviewを使ってみましょう。（from a distance, island, look like, warship）

正解と解説 CD-38

1 <u>The man</u> <u>standing by the door</u> <u>is</u> <u>a recruit</u>.
　　　S　　　　←adj　　　　　　V　　C

▶ UNIT 28 (p. 110)

●入り口に立っている人が多くて、その中の一人だったらA man ...となります。

2 <u>I</u> <u>watched</u> <u>an exciting football game</u> <u>on TV</u> <u>yesterday</u>.
　　S　　V　　　　　　O　　　　　　　　adv　　adv

▶ UNIT 28 (p. 110)

3 <u>The excited passengers</u> <u>rushed</u> <u>to the exit</u>.
　　　　　　S　　　　　　　　V　　　adv

▶ UNIT 28 (p. 110)

4 <u>The students</u> <u>bored of his lecture</u> <u>did</u> <u>nothing but yawn</u>.
　　　　S　　　　　　←adj　　　　　　V

▶ UNIT 28 (p. 110)

5 <u>She</u> <u>was standing</u> <u>there</u> <u>with her hair flowing back</u>.
　　　S　　　V　　　　adv　　　　　　adv

▶ UNIT 29 (p. 112)

S：主語　V：動詞　O：目的語　C：補語　adv：副詞（句・節）　adj：形容詞（句・節）

120

SECTION 6 ・・・ 分詞と分詞構文

正解を声に出しながら、しっかり復習しておきましょう。
正解の英文はCDに収録されています。

☐ **6** She was listening to her boss with her eyes filled with tears.
　　　　S　　V　　　　　　adv
　　　　　　　adv
▶ UNIT 29 (p. 112)

● 目は2つあるのでeyesと複数形にします。

☐ **7** I had my photos taken by a famous photographer.
　　　S V　　O　　　C
　　　　　　adv
▶ UNIT 29 (p. 112)

● 有名な写真家はたくさんいるので、冠詞はaです。もし「その有名な〜」だったらtheになります。

☐ **8** Being so ill, he had to put off his business trip.
　　　　adv　　S　　V
　　　　　O
▶ UNIT 30 (p. 114)

☐ **9** Having written the report, he left the office.
　　　　adv　　　　S　V
　　　　O
▶ UNIT 30 (p. 114)

☐ **10** Viewed from a distance, the island looked like a warship.
　　　　adv　　　　S
　　　V　　C
▶ UNIT 31 (p. 116)

必勝パターン⑥

修飾される名詞や主文の主語になりきって、「する」のか「される」のかを考えてみよう。「する」だったら現在分詞、「される」だったら過去分詞が鉄則だよ！

SECTION 7

関係詞

　このセクションでは、名詞を後ろで修飾するときに使われる「関係詞」の勉強をします。関係詞を使った節によって修飾される名詞のことを「先行詞」と呼びます。また、関係詞には「関係代名詞」と「関係副詞」があり、さらに関係代名詞には「主格」と「所有格」と「目的格」があります。新しい用語がたくさん出てきてたいへんですが、ここでは混乱しないように、ていねいに1つずつ勉強していきましょう。

UNIT 32	関係代名詞の主格	124
UNIT 33	関係代名詞の所有格	126
UNIT 34	関係代名詞の目的格	128
UNIT 35	基本的な関係副詞	130
UNIT 36	前置詞＋関係代名詞	132
UNIT 37	関係詞の非制限用法	134
UNIT 38	関係代名詞のwhat	136
UNIT 39	～everの構文	138

UNIT 32 関係代名詞の主格

> 関係代名詞の主格は後の動詞の主語だよ

CD-39　例文

❶ □ The man who[that] lives next door is my uncle.
❷ □ Did you attend the meeting which[that] was held yesterday?

例文訳　❶ 隣に住んでいる人は私の叔父です。
　　　　❷ あなたは昨日行われた会合に出席しましたか。

➡ 「関係代名詞＋動詞」が直前の先行詞を修飾

「関係代名詞」とは、名詞の後ろに節を使った修飾部分を置くときに「つなぎ言葉」として使われるwhoやwhichなどの言葉のことを言います。ここではまず、関係代名詞の中の「主格」という用法について勉強しましょう。

◀「関係代名詞」：節をみちびく「つなぎ言葉」

関係代名詞の主格の後ろには、動詞が置かれます。そして、「関係代名詞＋動詞」という形で、**直前の名詞を修飾・説明しています。**

公式75
主格の用法の基本

なお、関係代名詞を使って説明される直前の名詞のことを「先行詞」と言います。

◀先行詞とは

例文1では、who lives next doorという「関係代名詞＋動詞」の部分が、直前のthe manという先行詞を修飾していますね。

また、例文2では、which was held yesterdayという「関係代名詞＋動詞」の部分が、the meetingという先行詞を修飾しています。

SECTION 7・・・関係詞

▶ who / which / that

関係代名詞の主格の用法では、先行詞が人間を表す場合は「who＋動詞」の形を使い、先行詞が物の場合は「which＋動詞」の形を使います。

who、whichどちらの関係代名詞もthatに置き換えることができます。

また、関係代名詞の直後の動詞の形は、先行詞に合わせなければなりません。

例えば、先行詞が三人称単数の名詞であるならば、関係代名詞の直後の動詞には、当然、三単現のsを付けなければなりません。

公式76
「人」ならwho
「物」ならwhich

◀thatは「人」でも「物」でも

まとめ

〈主格の関係代名詞〉

先行詞 ＜ 人 ─ who[that] V
　　　　物 ─ which[that] V

＊動詞の形は先行詞に合わせる

UNIT 33 関係代名詞の所有格

> whoseの後ろに先行詞の所有物がくるよ

CD-40　例文

❶ □ Did you meet the man whose son got the prize?

❷ □ The house whose roof you can see over there is owned by Bill.

例文訳　❶ あなたは息子が賞を取った男性に会いましたか。
　　　　❷ あそこに屋根が見える家はビルの所有物だ。

➡ 先行詞が物でも人でも whose

次に、関係代名詞の「所有格」について見ていきましょう。

関係代名詞の所有格は、先行詞が持っているもの、つまり所有物を修飾・説明したい場合に使われます。

公式77
所有格の用法

所有格の関係代名詞は、先行詞が物でも人でも whose です。

公式78
「物」でも「人」でも whose

まず、関係代名詞 whose の後ろに先行詞の所有物を置きます。

例文1では、先行詞の the man（男性）の所有物である son（息子）、例文2では、先行詞の the house（家）の所有物である roof（屋根）が置かれていますね。

所有物の後ろには、直後に動詞を置いたり、主語・述語の節を置くことができます。

SECTION 7・・・関係詞

　例文１では、got the prizeというように直後に動詞が置かれていますが、例文２では、you can see over thereというように節が置かれていますね。

🔶 所有物の直後に節が置かれる場合

　例文２のように、所有物の直後に節が置かれる場合には、その節は他動詞や前置詞の後ろで目的語が抜けた、不完全な文でなくてはならないので、注意しましょう。

◀目的語が抜けた文になることも

まとめ

〈所有格の関係代名詞〉

先行詞 whose 所有物 Ｖ
先行詞 whose 所有物 Ｓ Ｖ φ

φ：他動詞や前置詞の後ろで名詞が抜けているという印です

127

UNIT 34 関係代名詞の目的格

目的格は省略されていることも多いからね

CD-41　例　文

❶ ☐ That is the man (whom[that]) Meg loves very much.

❷ ☐ Did you bring the pictures (which[that]) you took yesterday?

例文訳　❶ あれは、メグがとても愛している男性だ。
　　　　❷ 昨日あなたが撮った写真を持ってきましたか。

➡ 目的語が抜けている不完全な文になる

　関係代名詞の中で最も重要なものが、「目的格」という用法です。

　目的格の関係代名詞の直後には節が置かれるのですが、この節は必ず、他動詞や前置詞の目的語が抜けている不完全な文でなければなりません。 これが第1のルールです。

公式79
必ず不完全な文になる

　例文1で、関係代名詞の後ろにある節では、lovesという他動詞が使われています。しかし、lovesという他動詞の後ろには目的語がありませんね。つまり、この文は不完全な文だと言えるのです。

　もう1つのルールは、このような名詞が抜けている個所に先行詞を挿入すると完全な文になるということです。

　例文1の先行詞を目的語が抜けている個所に入れると、Meg loves the man very much.という正しい文が完成しますね。

　例文2でも、目的格の関係代名詞の後ろを見ると、tookという他動

詞の後ろは目的語が抜けています。
　ここに、先行詞のthe picturesを挿入すると、You took the pictures yesterday.という完全な文が成立します。
　関係代名詞の目的格を使った文では、必ずこうした2つのルールが成立しなければなりません。

➡ whom / which / that

　目的格の関係代名詞は、**先行詞が人の場合whom、物の場合whichですが、多くの場合これらは省略されてしまいます。**

公式80
省略されることが多い

　口語では目的格の関係代名詞はほとんど省略され、省略しない場合にもthatを使うのがより自然な英語とされています。

◀口語ではthatが自然

　ただ、関係代名詞が省略されても、2つのルールは変わらないので、省略を見抜き、そこに関係代名詞を補って考えるようにしましょう。

まとめ

〈目的格の関係代名詞〉

人（whom[that]）S V φ ┐
物（which[that]）S V φ ┘（不完全な文）

φ：他動詞や前置詞の後ろで名詞が抜けているという印です
φの部分に先行詞を置くと完全な文ができます

UNIT 35 基本的な関係副詞

> 関係副詞の直後は完全な文になるよ

CD-42 例文

❶ ☐ This is the spot where he had the accident yesterday.
❷ ☐ Do you know the reason why she was absent?

例文訳
❶ ここは彼が昨日事故に遭った場所だ。
❷ あなたは、彼女が欠席した理由を知っていますか。

➡ 直前の先行詞を修飾・説明する

　関係代名詞と同じように、**後ろに節を置いて直前の先行詞を修飾・説明することができるのが**「関係副詞」です。

公式81　関係副詞の働き

　関係副詞にはwhere、when、whyなどがあり、先行詞によって使い分けられます。

　関係代名詞と異なるのは、**関係副詞の直後には必ず「完全な文」が置かれなければならないこと**です。

公式82　直後は完全な文になる

　例文1を見ると、whereの後ろの文には他動詞や前置詞の目的語が抜けているところはなく、完全な文が続いているのがわかります。

▶ where / when / why

　関係副詞は、**先行詞が「場所」の場合はwhereを、「時」の場合はwhenを使います。**

　ただ、whereの前の先行詞がthe place（場所）であったり、whenの前の先行詞がthe time（時）であったりする場合、わかりきっている先行詞を省略することがよくあります。

公式83
「場所」→where
「時」→when

◀先行詞を省略できる

　例文1では、「場所」とわかりきっているthe spotを省略して、This is where he had the accident yesterday.となることがあります。

　例文2のように、先行詞がthe reason（理由）の場合には、whyという関係副詞を使います。

◀「理由」→why

　このwhyを使う場合は、先行詞のthe reasonを省略しても、関係副詞のwhyを省略してもかまいません。

　例文2は、Do you know the reason she was absent?や、Do you know why she was absent?と書き換えることができます。

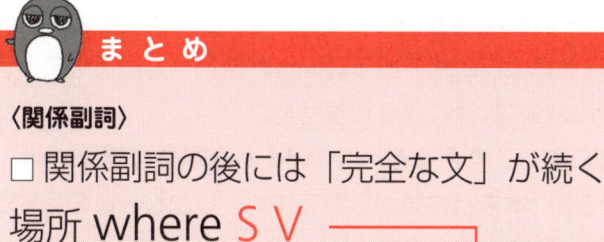

まとめ

〈関係副詞〉

□ 関係副詞の後には「完全な文」が続く

場所　where S V ─┐
時　　when　S V ─┼─（完全な文）
the reason why S V ─┘

＊ the reasonかwhyのどちらかを省略してもよい

UNIT 36 前置詞＋関係代名詞

CD-43　例文

関係副詞と関係代名詞の違いをしっかり覚えてね

❶ □ This is the house where he lived in his youth.
❷ □ This is the house (which[that]) he lived in in his youth.
❸ □ This is the house in which he lived in his youth.

例文訳　❶❷❸ これは彼が若いころ住んでいた家だ。

➡ where = in + which

　例文1は、the houseが先行詞で、関係副詞のwhereが使われているので、直後には完全な文が置かれなければなりませんね。

　in his youthは修飾部分なので切り離して考えると、直後の文はhe livedとなり、自動詞のlivedで文が終わっています。これは完全な文です。

　例文2は、関係代名詞の目的格であるwhichが使われているので、直後には不完全な文が使われなければなりません。

　in his youthを切り離して考えると、he lived in となります。

　inという前置詞には、本来目的語が必要ですね。しかし、inの目的語がありません。これは不完全な文です。

　また、inの後ろに先行詞のthe houseを挿入すると、he lived in the houseという完全な文ができあがります。

➡️ 関係代名詞の前に前置詞が置ける

　ここまでは、すでに勉強済みですが、実は例文2のhe lived inのinという前置詞を、関係代名詞の前に移動させることができるのです。

　例文3では、関係代名詞のwhichの前にinが置かれ、後ろの文はhe livedと完全な文になっています。

　このように、**目的格の関係代名詞の直後にくる不完全な文の末尾に置かれている前置詞を、目的格の関係代名詞の前に移動することができる**のです。

> **公式84**
> 前置詞の位置

　そして、前置詞が移動して前に置かれると、直後には自動詞で終わる完全な文が続くようになります。

　関係代名詞の直前に前置詞を置くことができるのは、whichとwhomで、関係代名詞thatの前には置くことはできません。

> **公式85**
> 前に前置詞を置けるのは
> whichとwhom

　ここにあげた例文は非常に重要なので、すべて暗唱して言えるようになるまで声に出して練習しておきましょう。

まとめ

〈前置詞＋関係代名詞〉

先行詞 (whom) S V 前置詞 φ
　　　 (which)

＝先行詞＋前置詞 whom S V (完全な文)
　　　　　　　　which

UNIT 37 関係詞の非制限用法

> 関係詞が前の文全体を受けることがあるよ

CD-44　例文

❶ □ I went to Seoul, where I first met her.

❷ □ She laughed at me, which offended me a lot.

例文訳　❶ 私はソウルに行ったが、そこは私が初めて彼女に会った場所だ。
❷ 彼女は私のことを笑ったが、それは大いに私の感情を害した。

➡「コンマ＋関係代名詞」の後ろは追加や補足

　先行詞が、それを見ただけで意味がはっきりする固有名詞のようなものの場合や、説明を加えて他のものと区別する必要がない場合には、先行詞と関係詞の間にコンマが打たれます。

　このような**コンマを使う用法のことを、「関係詞の非制限用法」**と言います。

公式86　非制限用法とは

　非制限用法では、コンマの後ろに続く関係詞の部分はあくまで追加や補足として使われます。

公式87　関係詞の部分は追加や補足

　例えば、例文1では、Seoul（ソウル）という先行詞は修飾部分がなくても、その名詞だけで「都市のソウル」とはっきりわかる、他と区別する必要のない固有名詞です。

　こういった場合、where以下の部分は、先行詞を他の名詞と区別するための絶対に必要な修飾部分ではなく、単なる補足にすぎなくなります。

　したがって、非制限用法のコンマを用いなければなりません。

SECTION 7・・・関係詞

➡「, which」が前の部分全体を受けることも

　例文2で使われている「, which」は特定の名詞ではなく、関係詞より前の部分全体が先行詞になっています。

　ここでは、「彼女が私を笑った」という事実が、「大いに私の感情を害した」わけです。

　このように「, which」は特定の名詞ではなく、前の文や節、あるいは全体の内容などを先行詞とすることもできるのです。

公式88
文や節などを受ける

まとめ

〈制限用法と非制限用法〉

□ **制限用法**　　→　先行詞　関係詞…
　　コンマなし。訳し上げることが多い

□ **非制限用法**　→　先行詞, 関係詞…
　　コンマあり。関係詞以下を補足として訳す

＊非制限用法の「, which」は、前の文や節などを先行詞にすることができる

UNIT 38 関係代名詞のwhat

whatはthe thing(s) whichを1語で表す言葉だよ

CD-45　例文

❶ ☐ Tell me what happened yesterday.
❷ ☐ What I need now is your help.

例文訳　❶ 昨日起こったことを聞かせて。
　　　　❷ 私が今必要としているのは、あなたの助けだ。

▶ what ＝ 先行詞＋which

　関係代名詞のwhatは、「こと」「もの」という先行詞の意味がすでに含まれている言葉です。

公式89
whatは先行詞を含む

　what を the thing(s) which … と書き換えてみると、わかりやすくなるでしょう。

　つまり、このwhat 1語で、the thing(s)という先行詞とwhichという関係代名詞の2つの役割を果たすことができるのです。

◀1語で2役

▶ 主格にも目的格にもなれる

　関係代名詞のwhatは、主格としても目的格としても使うことができます。

公式90
主格でも目的格でも使える

　主格であれば、whatの直後に動詞が置かれ、「Vするもの」「Vすること」という意味になります。

また、目的格であれば、whatの後ろにはSV φという不完全な文が置かれ、「SがVするもの」「SがVすること」という意味になります。

こうした働きをすることから、whatで始まる部分はそれ1つで大きな名詞の働きをします。

例文1では、「tell O₁ O₂」のO₂に置かれる名詞の働きを、what happened yesterday（昨日起こったこと）という部分が果たしているのです。

例文2では、what I need now（私が今必要なもの）の部分が、主語の働きをしています。

まとめ

〈関係代名詞のwhat〉

□ what V = the thing(s) which V
　Vする物・事
□ what S V = the thing(s) which S V φ
　SがVする物・事

UNIT 39 -everの構文

> 関係詞や疑問詞に-everを付けるとどうなるか

CD-46 例文

❶ ☐ Whoever comes early can get the drink.
❷ ☐ However fast she may run, she can't catch up with me.

例文訳 ❶ 早く来ればだれでも飲み物がもらえる。
❷ どんなに彼女が速く走っても、彼女は私には追いつけないだろう。

➡ 名詞節を作る

関係詞や疑問詞に-everという言葉を付けると、「どんな…でも」「…であろうとも」といった意味を出すことができます。

公式91
-everの働き

例文1で使われているのは、関係詞に-everを付けたwhoeverです。

whoeverは直後に動詞が置かれ、whoever V ◀whoever という形をとり、「Vするだれでも」という意味の名詞のかたまりを作ります。

例文1では、whoeverの直後に動詞のcomesが置かれ、whoeverからearlyまでで「早くやって来る人はだれでも」という大きな名詞のかたまりとなって、主語の働きをしています。

whoever Vは、anyone who Vに書き換えることができます。

また、whoeverは、三人称単数現在として扱われるので、直後の動詞には三単現のsを付けなくてはなりません。

直後に、動詞ではなくＳ Ｖ φという不完全な文が置かれる場合は、

SECTION 7・・・関係詞

whomeverが使われます。

whomever S V φは、「SがVする人はだれでも」という意味で、anyone (whom) S V φに書き換えることができます。 ◀whomever

➡ 副詞節を作る

～everが導く節が、このような大きな名詞のかたまりではなく、大きな副詞のかたまりを作ることもあります。

例えば、**howeverは直後に形容詞や副詞を置き、その後ろにS (may) Vという文を続けて、「どんなに…にSがVしても」という意味を持った副詞のかたまりを作ることができます。** 　公式92 howeverの用法

例文2では、However fast she may runの部分が、「どんなに速く彼女が走ろうとも」という意味の譲歩の節になっていますが、この節はその後ろのshe can't catch up with meの動詞の部分を修飾し、大きな副詞の働きをしています。

howeverなどを使った副詞節は、-everの部分をno matter how ... という形に書き換えることもできます。例文2は、No matter how fast she may runというように書き換えられます。 ◀however ... → no matter how ...

まとめ

〈-everの構文〉

- □ **whoever V = anyone who V**
   Vする人はだれでも
- □ **whomever S V φ = anyone (whom) S V φ**
   SがVする人はだれでも
- □ **however 形[副] S (may) V**
   = no matter how 形[副] S (may) V
   どんなに…にSがVしても

かんたん 10分エクササイズ

簡単な英文をつくってみましょう！

☐ **1** 社長と話している人が、私の上司です。

● 「社長と話している人」の部分に関係代名詞を使います。先行詞が「人」ですから、whoでその後に動詞を置きます。(president, talk with)

☐ **2** 私は、父親が有名なミュージシャンである少年を知っている。

● 「私は少年を知っている」という文をまず作り、その少年の「所有物」が父親なので、そこにwhoseを使って「その少年の父親が有名な…」と続けます。(famous)

☐ **3** 私がそのパーティーで出会った女性は、国連で働いている。

● 「女性は国連で働いている」という文の「女性」を、関係代名詞の目的格で「私がパーティーで出会った」と修飾します。(meet, at the party, work for, the UN)

☐ **4** 私は初めて契約を取った日のことを忘れられない。

● 「契約を取った日」の部分に関係副詞を使います。先行詞はdayになるので、関係副詞はwhenです。(forget, win, contract)

☐ **5** 彼がいつも昼休みにいなくなる理由はだれも知らない。

● 「だれもその理由を知らない」と書いて、「理由」に「彼が昼休みにいなくなる」を関係副詞のwhyでつなげます。(nobody knows, be away, during lunch break)

SECTION 7・・・関係詞

学習した英文法の知識を使って、以下の日本文を英語に変えてみましょう。カッコの中はキーワードです。

☐ 6 私が不平を言った相手の女性は、そのレストランの経営者だった。

● 「女性はそのレストランの経営者だった」という文の「女性」を関係代名詞で修飾しますが、「～に対して不平を言う」はcomplain to ～と言うので、toの置き場所に注意してください。(restaurant)

☐ 7 私は娘を上野動物園に連れて行ったが、そこは私が最初に妻とデートをしたところだった。

● 「上野動物園」は固有名詞なので、それを関係詞で修飾するときには関係詞の前にコンマを置きます。(daughter, take, wife, have the first date with)

☐ 8 彼女は一言も言わなかったが、そのことが彼を怒らせた。

● 「彼女は一言も言わなかった」と書いて、「そのことが」は「コンマ＋which」で表します。(say a word, make, angry)

☐ 9 この本は読みたい人だれにでも貸します。

● 「読みたい人だれにでも」を、whoeverを使って書きます。それを「私はこの本を～に貸します」という英文の～のところに入れます。(lend, read)

☐ 10 どんなに頭がよくても、彼女は人の気持ちがわからない。

● 「どんなに頭がよくても」はhowever cleverと書きます。「人の気持ち」は「他人がどんなふうに感じるか」と考えましょう。(understand, how others feel)

正解と解説 CD-47

☐ 1 <u>The man</u> <u>who is talking with the president</u> <u>is</u> <u>my boss</u>.
　　　S　　　←adj　　　　　　　　　　　　　V　C

▶ UNIT 32 (p. 124)

☐ 2 <u>I</u> <u>know</u> <u>a boy</u> <u>whose father is a famous musician</u>.
　　　S　V　　O　　　　　　←adj

▶ UNIT 33 (p. 126)

☐ 3 <u>A woman</u> <u>(who[whom / that]) I met at the party</u> <u>works</u> <u>for the UN</u>.
　　　　S　　　　　　　　←adj　　　　　　　　　　　　V　　　adv

▶ UNIT 34 (p. 128)

☐ 4 <u>I</u> <u>cannot forget</u> <u>the day</u> <u>when I first won a contract</u>.
　　　S　　　V　　　　O　　　　　←adj

▶ UNIT 35 (p. 130)

☐ 5 <u>Nobody</u> <u>knows</u> <u>the reason</u> <u>(why) he is always away during lunch break</u>.
　　　　S　　　V　　　　O　　　　　　　　　←adj

▶ UNIT 35 (p. 130)

● Anybody doesn't knowとは言いません。any ～を主語で使うのは肯定文です。

S：主語　**V**：動詞　**O**：目的語　**C**：補語　**adv**：副詞（句・節）　**adj**：形容詞（句・節）

SECTION 7 ··· 関係詞

正解を声に出しながら、しっかり復習しておきましょう。
正解の英文はCDに収録されています。

☐ **6** The woman to whom I complained was the manager of the restaurant.
　　　　S　　　　　　←adj　　V　　C　　　　　←adj

▶ UNIT 36 (p. 132)

☐ **7** I took my daughter to the Ueno Zoo, where I had the first date with my wife.
　　　　S V　O　　　　　adv　　　　　s　v　　o　　　　　adv

▶ UNIT 37 (p. 134)

● 最初のデートは1回しかないので、theを付けます。

☐ **8** She didn't say a word, which made him angry.
　　　　S　　　V　　O　　s　　v　　o　　c

▶ UNIT 37 (p. 134)

☐ **9** I will lend this book to whoever wants to read it.
　　　　S　　V　　O　　　　　adv

▶ UNIT 39 (p. 138)

☐ **10** However clever she is, she cannot understand how others feel.
　　　　　adv　　　　S　　V　　O

▶ UNIT 39 (p. 138)

143

必勝パターン⑦

結局、関係詞はすべて、前にくる名詞を直後で修飾する働きをするのです。後ろで名詞を修飾するのが日本語との一番大きな違いですね。修飾部分は「説明」だと考えて、左から右に読めるようになるまで何度も例文を音読しよう！

SECTION 8

仮定法

　「仮定法」とは、「現実にはあり得ないことを想像しながら述べる」際に使われる構文のことを言います。日本語でもそのような場合には「私が鳥『だった』ら」のように過去形を使いますが、英語でも、仮定法の場合には、ひとつ前の時制が使われます。現在の事実に反することを仮定する場合には、「過去形」、過去の事実に反することを仮定する場合には「過去完了形」が使われるのです。最初は難しく感じるかもしれませんが、一度覚えてしまうと簡単に使えるようになりますよ。

UNIT 40	仮定法の基本	146
UNIT 41	仮定法未来	148
UNIT 42	I wishとas if	150
UNIT 43	「ないならば」公式	152

UNIT 40 仮定法の基本

> 仮定法は基本形をしっかり覚えれば大丈夫だよ

CD-48　例文

❶ ☐ If I were you, I would never say so.

❷ ☐ If I had missed the last train, I could not have come home.

例文訳　❶ もし私があなただったら、私は決してそんなふうに言わないだろう。
　　　　❷ もし私が最終電車に乗り遅れていたら、私は家に帰ることができなかっただろう。

➡ 仮定法過去と仮定法過去完了

「仮定法」とは、現実にはあり得ないことを「もしも…だったら」と仮定する場合に使う表現です。

日本語でも、「…だったらなあ」というように、過去形を使いますが、英語でも１つ前の時制が使われます。　◀１つ前の時制を使う

「現在…だったら」というように、現在の事実とは異なることを仮定する場合には「仮定法過去」を使います。

仮定法過去では、if節には過去形を用い、主節ではwould、should、could、mightなどの過去形の助動詞を使います。

公式93
仮定法過去の形

ちなみに、if節の中の動詞がbe動詞の場合、主語にかかわらずwasではなく、しばしばwereが使われます。

「過去に…だったら」というように、過去の事実とは異なることを仮定する場合には、「仮定法過去完了」を使います。

SECTION 8 ･･･ 仮定法

　if節には、had Vppという過去完了形を用い、主節ではwould have Vpp、could have Vpp、should have Vpp、might have Vppなどの「過去形の助動詞＋完了形」を使います。

公式94
仮定法過去完了の形

➡ 組み合わされる場合

　また、仮定法では、仮定法過去と仮定法過去完了が組み合わされて使われることがあります。

　例えば、「あのとき彼女にプロポーズしていたならば、今ごろ彼女は私の妻なのに」という文は前半は過去のことに対する仮定ですが、後半は現在に対する仮定になってますね。

　この場合、<u>前半は仮定法過去完了のif節で表現</u><u>しますが、後半は仮定法過去で表現します。</u>

◀ if節と主節の時制が違うことも

🐰 ま と め

〈仮定法の基本〉

□ **仮定法過去**
　If S₁ V₁p, S₂ would[should, could, might] V₂.
　もしS₁がV₁するならば、S₂はV₂するだろう。

□ **仮定法過去完了**
　If S₁ had V₁pp, S₂ would[should, could, might] have V₂pp.
　もしS₁がV₁していたならば、S₂はV₂していただろう。

〈時制が異なる仮定法〉

□ If S₁ had V₁pp, S₂ would[should, could, might] V₂.
　もしS₁がV₁していたならば、S₂はV₂するだろう。

UNIT 41 仮定法未来

> 未来のことも仮定できるよ

CD-49　例文

❶ ☐ If you should get a million yen, what would you buy?
　= Should you get a million yen, what would you buy?

❷ ☐ If you were to die tomorrow, I would die with you.
　= Were you to die tomorrow, I would die with you.

例文訳　❶ 万一あなたが百万円を手に入れるようなことがあったら、あなたは何を買いますか。
　　　　❷ 万一あなたが明日死ぬようなことがあったら、私はあなたといっしょに死ぬだろう。

仮定法未来の作り方

「万一、未来に…ならば」というように未来のことに対して仮定する場合には、「仮定法未来」の形が使われます。

仮定法未来には2つの形があります。

1つは、**If S should V**（万一SがVするならば）という形です。

公式95①
if節にshouldを使う

このshouldを使ったif節の場合、それを受ける主節には、可能性が低い場合にはwould、ある程度可能性がある場合にはwillという助動詞を使います。

例文1はshouldを使った文です。主節には可能性が低いwouldが使われています。

SECTION 8・・・仮定法

もう1つの形は例文2のように**if S were to V**（万一SがVするならば）という形です。

公式95②
if節にwere toを使う

このwere toを使ったif節の場合、それを受ける主節ではwillを使うことはできず、必ずwouldという助動詞を使わなければなりません。

➡ 仮定法の倒置構文

また、**仮定法では助動詞やbe動詞をif節の直前に出し、ifを省略した「倒置構文」を作ること**ができます。

公式96
倒置にすることができる

If S should Vの構文では、ifを使わずにShould S Vという形にして、if節と同じ意味を表します。If S were to Vの構文でも、wereというbe動詞を直前に出し、Were S to Vという形にすることができます。

この倒置構文は仮定法未来だけでなく、仮定法過去や仮定法過去完了でも使われます。

If S were ... を使った文では、ifを使わずに、Were S ... と表すことができます。また、If S had Vppを使った文でも、ifを使わずにHad S Vppとしても、if節と同じ意味を表すことができるのです。

まとめ

〈仮定法未来〉
- ☐ If S should V, S will V.　（可能性がある場合）
　　　　　　　　　S would V.（可能性が低い場合）
- ☐ If S were to V, S would V.

〈仮定法の倒置構文〉
- ☐ If S were ...　　　　= Were S ...
- ☐ If S had Vpp　　　 = Had S Vpp
- ☐ If S should V　　　= Should S V
- ☐ If S were to V　　　= Were S to V

149

UNIT 42 I wishとas if

仮定法でありえない願望も表せるよ

CD-50 例文

① ☐ I wish I were a bird.
② ☐ He talks as if he had discovered it for himself.

例文訳
① 僕が鳥だったらいいのになあ。
② 彼はまるでそれを自分自身で発見したかのような話しぶりだ。

▶ I wishとIf only

例文1にある、I wishは「現実にはありえないことを願う」場合に使う表現です。

公式97
I wishの用法

「現在…すればなあ」と言いたい場合には、I wishの後ろに過去形を使い、I wish S Vp（SがVすればいいなあ）という形をとります。

また、「過去に…していればよかったなあ」と言いたい場合には、I wishの後ろに過去完了形を使い、I wish S had Vpp（SがVしていればよかったなあ）という形をとります。

◀過去の願望

I wishと同じような意味を表す表現にif onlyがあります。

▶「…のように；…のごとく」の表し方

例文2で使われているas ifは、実際にはそうではないけれど「まるで…するかのごとく」という意味で使われる表現です。

公式98
as ifの用法

SECTION 8・・・仮定法

　主文と同じ時点で「まるで…するかのごとく」と言いたい場合には、as ifの後ろには過去形が使われ、as if S Vp（SがVするかのごとく）という形をとります。　◀主文と同じ時点の場合

　また、主文より前の時点で「まるで…したかのごとく」と言いたい場合には、as ifの後ろには過去完了形が使われ、as if S had Vpp（SがVしたかのごとく）という形をとります。　◀主文より前の時点の場合

　as ifはas thoughという表現に書き換えることもできます。

まとめ

〈現実にありえないことを願う表現〉

□ I wish ┌ S Vp.　　　　SがVすればなあ
　　　　 └ S had Vpp.　SがVしていればよかったなあ

　= if only

□ as if ┌ S Vp　　　SがVするかのごとく
　　　　└ S had Vpp　SがVしたかのごとく

　= as though

UNIT 43 「ないならば」公式

> withoutはif節の代わりに使えるんだ

CD-51　例文

❶ □ Without your help, I could never complete the work.

❷ □ If it had not been for the accident, we could have finished the project earlier.

例文訳　❶ あなたの助けがなければ、私はその仕事を決して完了することはできないだろう。
❷ もしも事故がなかったならば、私たちはもっと早くその計画を終えることができただろう。

➡ withoutとbut for

　「もしも～がないならば」「もしも～がなかったならば」という意味を表す言葉にwithoutがあります。

　without ～という表現は、それだけで「～がないならば」「～がなかったならば」という意味を持ち、仮定法のif節の代わりになることができるのです。

公式99　仮定法のwithout～

　例文1は、withoutを使って「助けがなければ」という意味を表しています。

　なお、without ～はbut for ～とも書き換えることができます。

◀ without～ = but for～

　これとは反対の意味で、「～があるなら」「～があったならば」と言いたい場合にはwith ～という表現を使います。

SECTION 8・・・仮定法

➡ If it were not for～

「～がないならば」「～がなかったならば」という意味は、if節を使ったイディオム表現を使っても表すことができます。

現在、「～がないならば」と言いたい場合には、If it were not for ～、もしくはWere it not for ～を使います。

公式100
If it were not for～

また、過去に「～がなかったならば」と言いたい場合には、If it had not been for ～、もしくはHad it not been for ～を使います。

例文2では、過去において「事故がなかったならば」と言っているので、後半の主文ではcould have Vppの仮定法過去完了の形が使われています。

これらの表現は、イディオムとしてまとめて覚えておきましょう。

まとめ

〈「ないならば」公式〉

- without ～ = but for ～
- If it were not for ～　　～がないならば
  = Were it not for ～
  If it had not been for ～　～がなかったならば
  = Had it not been for ～

153

かんたん10分エクササイズ

簡単な英文をつくってみましょう！

☐ **1** もし私が最高経営責任者だったら、その契約は破棄するのに。

● 現在、そうではないのに「最高経営責任者だったら」と現在の事実に反する仮定をしているので仮定法過去で書きます。(CEO, cancel, contract)

☐ **2** もしもっと背が高かったならば、バスケット部に入っていたのだが。

● 「入っていたのだが」で、過去のことについて仮定しているのだとわかります。過去の事実に反する仮定は、仮定法過去完了で書きます。(taller, join, basketball club)

☐ **3** もし若いころにもっと懸命に働いていたら、今ごろは楽な暮らしをしているのに。

● 仮定の部分は過去のことですが、後半は現在のことです。したがって、ifの中は仮定法過去完了で、主節は仮定法過去で書きます。(harder, in my youth, live in comfort)

☐ **4** 万一彼が来るのが遅れたら、私たちは出発を延期します。

● 「万一」ですから、ifの中はshouldを使いましょう。後半部分はwouldかwillを使います。(late, put off, departure)

☐ **5** たとえ明日日本が滅びても、わが社はつぶれない。

● 未来のまずありえないことを言っているので、仮定法未来の「if S were to V」を使います。(collapse)

SECTION 8 ・・・ 仮定法

学習した英文法の知識を使って、以下の日本文を英語に変えてみましょう。カッコの中はキーワードです。

□ **6** もし私がツバメだったら、あなたのところに飛んでいけるのに。（ifを使わないで）

● 現在の事実に反することを仮定するので仮定法過去を使いますが、「If I were …,」のifを使わなくても同じ意味を倒置で表すことができます。（swallow, fly, can）

□ **7** もっと英語がすらすら書けたらいいのに。

● 切実ですね。「現在書けないが、そうであったらいいのに」という願望を表現するので、I wish の後に過去形を続けます。（write, easily）

□ **8** 彼女はまるで女王様であるかのようにふるまう。

● 本当は女王様ではないのですから、as if の中を仮定法で書きます。（behave, a queen）

□ **9** もし余分な仕事がなければ、すぐに帰れるのに。

● 「もし～がなければ」は、without ～、but for ～、If it were not for ～のいずれでも書けます。（extra, job, leave, office, soon）

□ **10** もしその事故がなかったならば、締め切り前にその仕事を終えられただろう。（Ifを使って）

● 過去の事実に反する仮定なので、仮定法過去完了で書きます。「～がなかったならば」を、ifを使って仮定法過去完了で書くには「If it had not been for ～」です。（accident, finish, task, deadline）

正解と解説 CD-52

1 If <u>I</u> <u>were</u> <u>CEO</u>, <u>I</u> <u>would cancel</u> <u>the contract</u>.
　　　s　v　　c　　S　　　V　　　　O

▶UNIT 40 (p. 146)

● CEOが人物を指す場合には冠詞が必要ですが、役職名のときには無冠詞です。

2 If <u>I</u> <u>had been</u> <u>taller</u>, <u>I</u> <u>would have joined</u> <u>the basketball club</u>.
　　　s　　v　　　c　　S　　　V　　　　　　O

▶UNIT 40 (p. 146)

● 過去の時点でバスケットボールのクラブが複数あって、選択の余地があればa basketball clubとすることもできます。

3 If <u>I</u> <u>had worked</u> <u>harder</u> <u>in my youth</u>, <u>I</u> <u>would live</u> <u>in comfort</u> <u>now</u>.
　　　s　　v　　　adv　　adv　　S　　V　　adv　　adv

▶UNIT 40 (p. 146)

4 If <u>he</u> <u>should come</u> <u>late</u>, <u>we</u> <u>would put off</u> <u>the departure</u>.
　　　s　　v　　adv　S　　V　　　O

▶UNIT 41 (p. 148)

● the departureはour departureでもかまいません。

5 If <u>Japan</u> <u>were to collapse</u> <u>tomorrow</u>, <u>our company</u> <u>would not collapse</u>.
　　　s　　　v　　　adv　　S　　　V

▶UNIT 41 (p. 148)

S：主語　V：動詞　O：目的語　C：補語　adv：副詞（句・節）　adj：形容詞（句・節）

SECTION 8・・・仮定法

正解を声に出しながら、しっかり復習しておきましょう。
正解の英文はCDに収録されています。

☐ **6** <u>Were</u> <u>I</u> <u>a swallow</u>, <u>I</u> could <u>fly</u> <u>to you</u>. ▶ UNIT 41 (p. 148)
      v s   c   S   V   adv

● 「あなたのところ」の「ところ」は必要ありません。

☐ **7** <u>I</u> <u>wish</u> <u>I</u> could <u>write</u> <u>English</u> <u>easily</u>. ▶ UNIT 42 (p. 150)
    S V s   v   o   adv

☐ **8** <u>She</u> <u>behaves</u> as if <u>she</u> <u>were[was]</u> ▶ UNIT 42 (p. 150)
    S   V   s   v
<u>a queen</u>.
  c

● queenはある特定の国について言うときにはQueenですが、ここではたとえですからa queenとします。

☐ **9** <u>Without[But for / If it were not for]</u> ▶ UNIT 43 (p. 152)
           adv
<u>extra jobs</u>, <u>we</u> could <u>leave</u> <u>the office</u> <u>soon</u>.
   S   V   O   adv

● an extra jobでもかまいません。

☐ **10** <u>If it had not been for the accident</u>,
         adv
▶ UNIT 43 (p. 152)
<u>we</u> could <u>have finished</u> <u>the task</u>
 S   V   O
<u>before the deadline</u>.
    adv

● ここでの「締め切り」は、決まった日時なのでtheが必要です。

必勝パターン⑧

仮定法って意外にも会話でよく使うんですよ！遠回しに言ったり、丁寧に言ったりするときに便利な表現なんです。イメージをふくらませながら、例文を何度も読んでみてね！

SECTION 9

形容詞と比較

　このセクションでは、「形容詞」の基本的な用法と「比較」の勉強をします。形容詞は名詞を修飾する言葉ですが、大きく分けて、名詞を直接修飾する限定用法と、補語の位置で使われる叙述用法があります。形容詞や副詞の元々の形のことを「原級」、何かと何かを比べる場合に使われる形のことを「比較級」、「一番…」と言いたい場合に使われる形のことを「最上級」と言います。ここでは、形容詞や副詞を使って豊かな表現をするための勉強をします。

UNIT 44	限定用法と叙述用法	160
UNIT 45	比較級	162
UNIT 46	最上級	164
UNIT 47	同等比較	166

UNIT 44 限定用法と叙述用法

> 形容詞には2つの用法があるよ

CD-53　例文

❶ ☐ There are no live animals in this museum.

❷ ☐ I was glad to hear that she was alive.

例文訳　❶ この博物館には生きた動物はいない。
　　　　❷ 私は、彼女が生きていると聞いてうれしかった。

▶ 形容詞の2つの用法

　形容詞の使い方には大きく分けて2つあります。1つは「限定用法」、もう1つは「叙述用法」です。

　「限定用法」は、「名詞を前から修飾する」用法のことです。

公式101
限定用法→前から修飾

　例えば、Look at that beautiful girl.（あの美しい少女を見なさい）という文では、beautifulという形容詞がgirlという名詞を前から直接修飾しています。これが限定用法です。

　一方、「叙述用法」は、SVCやSVOCという文型のCに当たるような「補語の位置で使われる」用法のことです。

公式102
叙述用法→補語の位置で

　例えば、I think she is beautiful.（私は彼女は美しいと思う）という文では、beautifulという形容詞はSVCのCの位置で使われています。これが叙述用法です。

限定か叙述かが決まっている形容詞

beautifulのように、限定用法でも叙述用法でも使える形容詞は問題ないのですが、形容詞によっては限定用法でしか使えなかったり、叙述用法でしか使えなかったりするものがあります。

◀用法が決まっている形容詞

例文1で使われている、live（生きている）という形容詞は、live animalsのように限定用法でしか使えません。

例文2で使われている、alive（生きて）という形容詞は、she was aliveのように叙述用法でしか使うことができません。

限定と叙述で意味が変わる

また、同じ形容詞でも、限定用法で使う場合と叙述用法で使う場合で、意味が変わるものもあります。

certainという形容詞は、限定用法で使った場合は、「ある～」という意味になりますが、叙述用法で使った場合は「確かな」「確信して」という意味になります。

◀用法によって意味が変わる形容詞

まとめ

〈限定用法のみで使う形容詞〉
- □ live　生きている
- □ main　主な

〈叙述用法のみで使う形容詞〉
- □ alive　生きて
- □ asleep　眠って
- □ afraid　恐れて

＊接頭辞のa-で始まる形容詞は叙述用法

〈用法で意味が変わる形容詞〉
- □ certain　＜限＞ある　＜叙＞確かな
- □ present　＜限＞現在の　＜叙＞出席している

UNIT 45 比較級

> 2つの物を比べるときの表現だよ

CD-54　例文

❶ □ Cathy is much taller than Kate.

❷ □ This document is more important than any other.
　　 ＝ No other document is more important than this.

例文訳
❶ キャシーはケイトよりはるかに背が高い。
❷ この書類は他のどの書類よりも重要である。

➡ 比較級の作り方

「～より…だ」というように、ある物とある物を比べる場合は「比較級」という形容詞の変化形を使って表します。

形容詞の比較級は、比較的短い形容詞の場合には、形容詞の後ろに-erを付けて作ります。 例えば、例文1のtallerはtall（高い）という形容詞を変化させたものです。

公式103　比較級の作り方

また、**比較的長い形容詞の場合には、直前にmoreという言葉を置いて作ります。** 例えば、例文2ではimportant（重要だ）という長めの形容詞の前にmoreが置かれ、more importantという形を作っています。

そして、この比較級の後ろに「～よりも」という意味のthanという言葉と比較の相手を置きます。

公式104　thanの後ろに比較の相手

「はるかに…」「いっそう…」というように、比較級を強調する場合にはmuch、far、still、evenなどの副詞が使われます。

SECTION 9・・・形容詞と比較

「一番…」を表す

比較級を使って、「一番…」という意味を表すこともできます。

例文2では、比較級の後ろにthan any otherという言葉が置かれていますね。これを置くことで、「他のどんな～よりも…」というように、最上級（→p.164）と同じ意味を表すことができるのです。

公式105
最上級の意味を出せる

また、Noという否定語を主語に用い、「No other ～ 比較級 than －.」という形にすれば、「－よりも…な～はない」、つまり「（－の部分に置かれる名詞が）一番である」という最上級表現ができあがります。

まとめ

〈比較級の作り方〉
- ☐ A be 比較級 than B　　AはBより…だ

〈比較級の強調〉
- ☐ much
- ☐ far
- ☐ still
- ☐ even

はるかに…
いっそう…

〈比較級を使った最上級表現〉
- ☐ 比較級 than any other
  他のどんな～よりも…
- ☐ No other ～ 比較級 than －.
  －よりも…な～はない

UNIT 46 最上級

「一番…だ」というときの表現だよ

CD-55　例文

❶ □ Ken is by far the fastest runner in the class.
❷ □ This is the best movie (that) I have ever seen.

例文訳
❶ ケンはクラスでは走るのが断然一番速い。
❷ これは私がこれまで見た中で一番よい映画だ。

⇒ 最上級の作り方

「一番…だ」というような意味を表す場合は、「最上級」という形を使います。

最上級は、短めの形容詞の場合、語尾に-estを付けて作ります。例えば、例文１のfastestはfast（速い）という形容詞の最上級です。

公式106
最上級の作り方

長めの形容詞の場合には、形容詞の前にmostを置きます。important（重要な）の最上級はmost importantです。

また、最上級は、直前にtheを付けて、「the＋最上級」という形で使います。

⇒ 最上級の強調

「ずば抜けて…」というように、最上級を強調する場合は、「by far the 最上級」、「much the

公式107
強調するには

最上級」、「the very 最上級」などの形を使います。

例文2では、the best という最上級が使われていますが、これは good（よい）という形容詞の最上級です。

形容詞や副詞の中には、このgoodのように比較級や最上級になると、まったく形が変わってしまうものがあります。　◀形が変わるものに注意しよう

代表的なものは、good-better-best、bad-worse-worst、little-less-least などです。

また、例文2では、「the＋最上級」の直後に名詞が置かれ、その後ろに I have ever seen という経験を表す完了形が続いています。

これは、「the 最上級＋名詞 that S have ever Vpp φ」（SがこれまでにVした中で一番…な名詞）という最上級を使った重要構文です。　公式108「過去の経験の中で一番…」

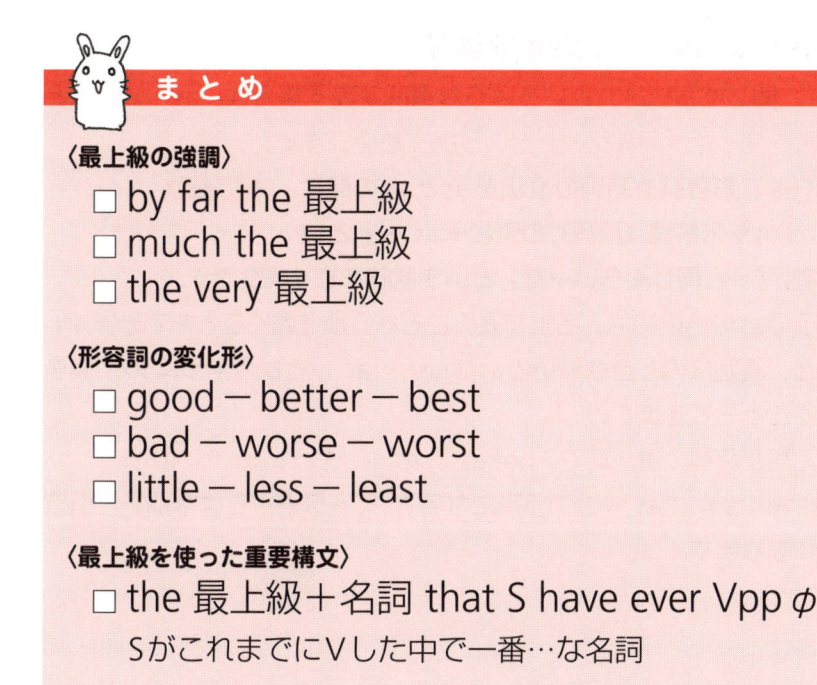

まとめ

〈最上級の強調〉
- □ by far the 最上級
- □ much the 最上級
- □ the very 最上級

〈形容詞の変化形〉
- □ good － better － best
- □ bad － worse － worst
- □ little － less － least

〈最上級を使った重要構文〉
- □ the 最上級＋名詞 that S have ever Vpp φ
  SがこれまでにVした中で一番…な名詞

UNIT 47 同等比較

2つの物が同等であることを示すには？

CD-56　例　文

① □ I think she is as beautiful as Diana.
② □ I can read three times as fast as you can.

例文訳　① 私は、彼女はダイアナと同じくらい美しいと思う。
　　　　② 私はあなたの3倍速く読むことができる。

➡ as ... as 〜 で同等を表す

「〜と同じくらい…」というような意味を表す場合は、as ... as〜という形を使った「同等比較」という構文を使います。

これは、**形容詞や副詞の原級をasとasの間に置き、「as＋形容詞〔副詞〕の原級＋as 〜」という形で、「〜と同じくらい…だ」という意味を表す構文**です。

公式109
as ... as〜の使い方

後ろのasの直後には、名詞を置くことも、節を置くこともできます。

また、否定文のときは最初のasはso ... as 〜というようにsoに書き換えることもできます。

否定語が直前に置かれて、not as ... as 〜、もしくはnot so ... as 〜という形になると、「〜ほど…ではない」という意味になります。

◀否定されると

SECTION 9・・・形容詞と比較

➡ ～ times で倍数を表す

例文2では、as ... as の前に ～ times という表現が置かれています。～ times は「～倍」というように倍数を表す表現です。例えば、「3倍」であれば three times、「4倍」であれば four times となります。なお、「半分」は half、「2倍」は twice と表現します。

公式110
「～倍」の times

この倍数表現と同等比較を組み合わせると「～ times as ... as ―」となり、「―の～倍…である」という表現ができます。

まとめ

〈同等比較〉
□ as 原級 as ～
＝ so 原級 as ～ 〉 ～と同じくらい…だ

＊～の部分には、名詞や節が置かれる

〈倍数表現〉
□ ～ times as ... as ―　　―の～倍…である

かんたん 10分エササイズ

簡単な英文をつくってみましょう！

☐ **1** その事故の主たる理由は、彼の不注意でした。

● 「主たる」のmainは限定用法のみで使うので、reasonの前に置きます。また「〜の理由」というときの前置詞はforを使います。（accident, carelessness）

☐ **2** 出席していた人は全員その最初の案件に賛成した。

● 「出席している」という形容詞はpresentですが、限定用法では使わないので、thoseの後ろに置くことになります。「〜に賛成する」はbe for 〜で表します。（those, for, item）

☐ **3** スージー（Susie）はトム（Tom）よりもずっと速く泳ぐ。

● 速さを比較しているのでfastの比較級を使い、比べる相手をthan以下に置きます。（swim）

☐ **4** ケイト（Kate）はわが社で他のどの秘書よりも有能だ。

● 「他の〜よりも…」なので「比較級＋than any other〜」を使います。（competent, secretary, company）

☐ **5** マイク（Mike）よりも朝早く事務所に来る社員はいない。

● 「社員はいない」なので、No (other) employeeを主語にして、「Mikeよりも早く来ない」と続けます。（come, early, office, in the morning）

SECTION 9・・・形容詞と比較

学習した英文法の知識を使って、以下の日本文を英語に変えてみましょう。カッコの中はキーワードです。

☐ 6　私の机はオフィスにある机の中で一番整理整頓が行き届いている。

● 「整理整頓が行き届いている」はtidyと1語で表せるので、その最上級を使います。(desk, office, of all)

☐ 7　富士山は私が今まで見た中で最も美しい山だ。

● 「最も…」ですから最上級で書きます。beautifulは長い単語なので、最上級はmostを使います。「今まで…の中で」は「that S have ever Vpp」です。(Mt. Fuji)

☐ 8　僕のコンピュータは君のコンピュータと同じぐらい古い。

● 比較して同じだと言っているので「as ... as～」を使います。(computer, old)

☐ 9　僕の車は彼女の車ほど高くない。

● 「～ほど…ない」は「not so[as]... as～」を使います。(expensive)

☐ 10　私の妻の給料は私の3倍だ。

● 倍数表現なので「～ times as ... as」を使います。salaryの多い少ないはlarge[high]、small[low]で表します。(wife)

正解と解説 🎵 CD-57

☐ 1 <u>The main reason</u> <u>for the accident</u> <u>was</u> ▶UNIT 44
　　　　S　　　　　　　　←adj　　　　　V　　(p. 160)
<u>his carelessness</u>.
　　adv

● 「主たる理由」は1つと考えてtheを使います。「主たる理由」がいくつかある場合は、one of the main reasonsとなります。

☐ 2 <u>Those</u> <u>(who were) present</u> <u>were</u> <u>all</u> ▶UNIT 44
　　　　S　　　　　←adj　　　　　　V　　adv　(p. 160)
<u>for the first item</u>.
　　adv

☐ 3 <u>Susie</u> <u>swims</u> <u>much</u> <u>faster</u> <u>than Tom</u>. ▶UNIT 45
　　　　S　　　V　　　adv　　　adv　　　　　　　(p. 162)

● 「ずっと」はfarでもかまいません。

☐ 4 <u>Kate</u> <u>is</u> <u>more competent</u> ▶UNIT 45
　　　　S　　V　　　　C　　　　　　　　　(p. 162)
<u>than any other secretary</u> <u>in our company</u>.
　　　　adv　　　　　　　　　（←) adv(adj)

☐ 5 <u>No (other) employee</u> <u>comes</u> ▶UNIT 45
　　　　　　　S　　　　　　　　V　　　　(p. 162)
<u>to the office</u> <u>earlier in the morning</u>
　　adv　　　　　　adv
<u>than Mike</u>.
　　adv

● otherはあってもなくても意味は変わりません。

S：主語　V：動詞　O：目的語　C：補語　adv：副詞（句・節）　adj：形容詞（句・節）

SECTION 9・・・形容詞と比較

正解を声に出しながら、しっかり復習しておきましょう。
正解の英文はCDに収録されています。

□ **6** My desk is the tidiest
　　　　　S　　V　　　C
　　　of all (the desks) in our office.
　　　　　adv　　　　　(←) adv(adj)

▶ UNIT 46 (p. 164)

● 最上級の後で「〜の中で」と言うときに、allや数（the fiveなど）やthe yearの場合はofを使います。

□ **7** Mt. Fuji is the most beautiful mountain
　　　　　S　　V　　　　　　C
　　　(that) I have ever seen.
　　　　　←adj

▶ UNIT 46 (p. 164)

● thatは関係代名詞の目的格なので省略できます。

□ **8** My computer is as old as yours.
　　　　　S　　　　V　　C　　adv

▶ UNIT 47 (p. 166)

● 後ろのas以下はyour computerとしても間違いではないのですが、普通は独立所有格（所有代名詞）を使います。

□ **9** My car is not so[as] expensive
　　　　　S　　V　　　　　　O
　　　as hers.
　　　　adv

▶ UNIT 47 (p. 166)

● sheの所有代名詞はhersです。

□ **10** My wife's salary is
　　　　　　S　　　　V
　　　three times as large[high] as mine.
　　　　　　　　C　　　　　　adv

▶ UNIT 47 (p. 166)

171

必勝パターン⑨

英語で生活をしていると、物と物を比較することってすごく多いんです。買い物やうわさ話なんか特にそうですね。そんなときにここで学んだ比較表現が大活躍ですよ！

SECTION 10

接続詞とその他重要事項

　このセクションでは、英文法を使いこなすために、その他の重要事項を勉強します。特に「可算名詞(かさんめいし)」と「不可算名詞(ふかさんめいし)」の違いには注意しましょう。数えられる名詞である「可算名詞」には、冠詞のaや複数形の-sを付けることができます。可算名詞は、辞書ではcountableを略して、Cという記号で示してあります。「不可算名詞」とは、もちろん「数えられない名詞」のことですが、このような名詞にはaや-sを付けることはできません。辞書ではuncountableを略してUという記号で示してあります。

UNIT 48	等位接続詞と従位接続詞	174
UNIT 49	前置詞	178
UNIT 50	不可算名詞	180
UNIT 51	anotherとthe other	182
UNIT 52	感嘆文	184

UNIT 48 等位接続詞と従位接続詞

2つの種類の用法を
しっかり覚えよう

CD-58　例文

❶ □ I hate scary movies, but I love comedies.

❷ □ Although he is very young, he writes very good novels.

例文訳　❶ 私は怖い映画は嫌いだが、コメディは好きだ。
　　　　❷ 彼はとても若いが、非常にすばらしい小説を書く。

➡ 等位接続詞：2つの文を同じ位で結ぶ

　文と文をつなぐ接続詞には、大きく分けて2種類があります。それは、「等位接続詞」と「従位接続詞」です。

　例文1で使われているbut（しかし）は、「等位接続詞」です。butあるいはand（また）やso（だから）といった「等位接続詞」は、接続詞の前の文と後ろの文を、同じような重要度で結びつけることができます。

公式111
等位接続詞の働き

　等位接続詞を使った文では、前後の文のどちらかが重要だということはなく、文法的に等しい位で結びついています。

➡ 従位接続詞：主節と従節を結ぶ

　一方、例文2で使われているalthough（だけれども）は「従位接続詞」です。

SECTION 10 ・・・ 接続語とその他重要事項

このalthoughやif（もし）、when（するとき）などの「従位接続詞」は、接続詞の前後の文で重要度が変わってきます。

公式112
従位接続詞の働き

例文で見ると、Althoughからyoungまでの節は「従節」、heからnovelsまでの節は「主節」です。

この名前の通り、文法的に「主節」のほうが重要で、althoughの「従節」はwritesという主節の動詞を修飾するための付属品です。

◀「主節」が重要、「従節」は付属品

ちなみに、Althoughからyoungまでの節のように、動詞を修飾する副詞の働きをする節のことを「副詞節」と呼びます。

これ以外にも「節」には、that S V（SがVすること）のように名詞の働きをする「名詞節」や、関係代名詞節のように形容詞の働きをする「形容詞節」もあるので、いっしょに覚えておきましょう。

まとめ

〈等位接続詞〉

- □ but　　　しかし
- □ and　　　また
- □ so　　　だから

〈従位接続詞〉

- □ although　だけれども
- □ if　　　もし
- □ when　　するとき

接続詞の図→p. 176

等位接続詞と従位接続詞

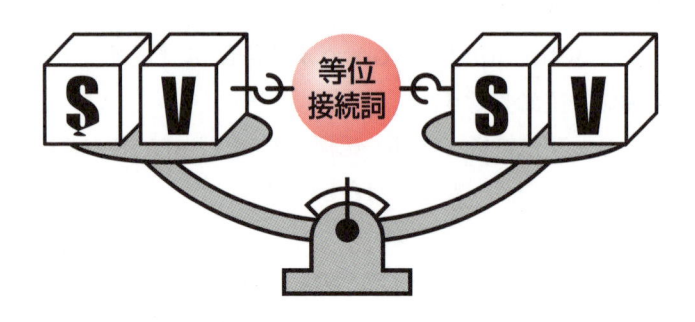

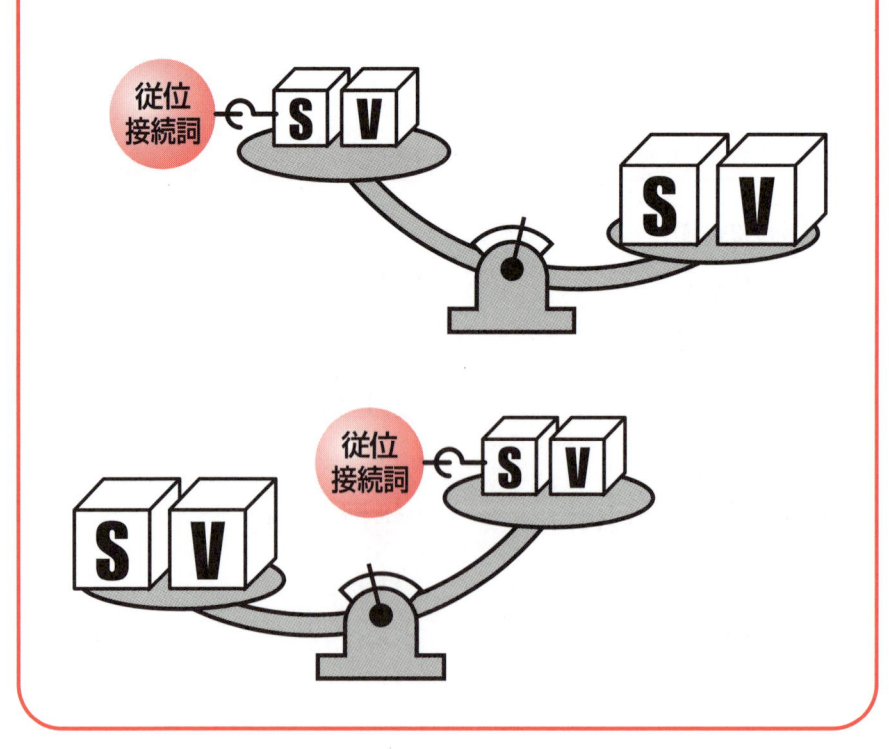

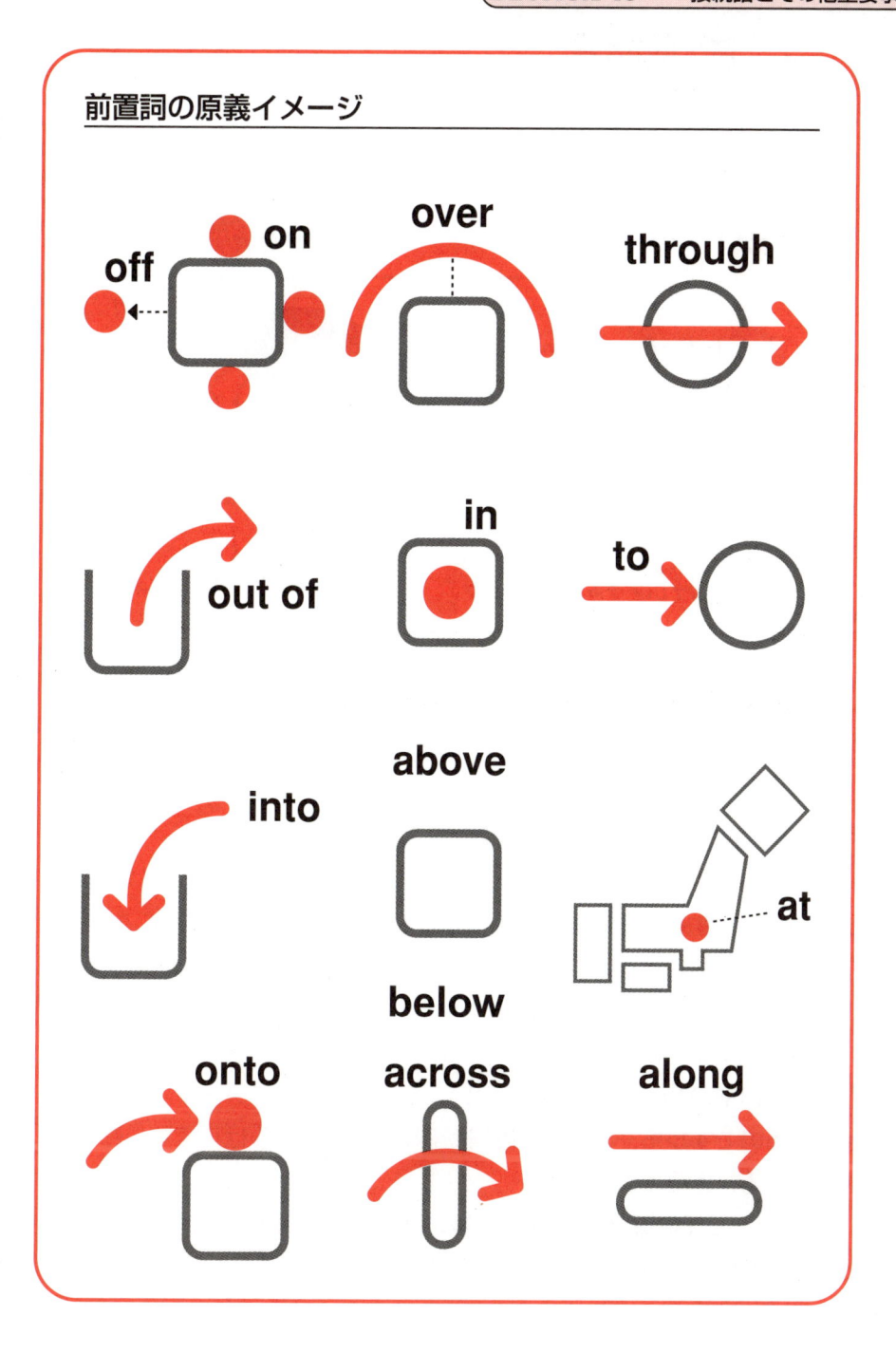

SECTION 10・・・接続語とその他重要事項

前置詞の原義イメージ

UNIT 49 前置詞

CD-59　例文

❶ □ A lot of people are gathering in the yard.
❷ □ Do you know the girl in the white dress?

イメージで覚えておくと応用が利くよ

例文訳　❶ 多くの人々が庭に集まっている。
　　　　❷ 白いドレスを着た女の子を知っていますか。

➡「前置詞＋名詞」は副詞句か形容詞句

　「前置詞＋名詞」のかたまりには、大きく分けて、2つの働きがあります。

　1つは大きな副詞の働きをする用法です。

　例えば、例文1では、in the yard（庭で）という部分はare gathering（集まっている）という動詞の部分にかかっていますよね。この「前置詞＋名詞」のかたまりは、動詞を修飾する副詞の働きをしています。

　一方、例文2では、in the white dress（白いドレスを着た）という部分は、直前のthe girl（少女）という名詞を修飾しています。名詞を修飾するのですから、この「前置詞＋名詞」のかたまりは形容詞の働きをしている、と言えるのです。

　このように「前置詞＋名詞」には、「副詞句」と「形容詞句」という2つの働きがあるのです。

公式113
「前置詞＋名詞」の働き

SECTION 10・・・接続語とその他重要事項

➡ onの原義イメージは「接触」

　また、前置詞の意味を覚える場合には、「on ＝ 〜の上に」などのように、1つの日本語の意味に当てはめて、固定して覚えるのはよくありません。

　例えば、onという前置詞は「接触」が元々の意味ですから、下に接触していても横に接触していてもやはりonを使います。

公式114
前置詞はイメージによって覚えよう

　「上に」という日本語だけだと、例えばThe picture is on the wall.（絵が壁に掛かっている）などのような、横に接触していたりする例文に応用することができませんね。

　前置詞はイメージとともに覚えておくと効果的ですよ。

まとめ

〈「前置詞＋名詞」の2用法〉
☐ 副詞句として使う
☐ 形容詞句として使う（直前の名詞を修飾する）
前置詞のイメージ図→p. 177

UNIT 50 不可算名詞

> 数えられるか数えられないか——それが問題だ

CD-60　例文

❶ ☐ Would you like a cup of coffee?
❷ ☐ He has only two pieces of furniture in his room.

例文訳　❶ コーヒーを1杯いかがですか。
❷ 彼の部屋には2つしか家具がない。

▶ 可算名詞と不可算名詞

　名詞には「数えられる名詞」と「数えられない名詞」があります。数えられる名詞のことを「可算名詞」と言い、辞書ではC（countable）という記号で示します。　◀数えられる名詞

　一方、数えられない名詞のことを「不可算名詞」と言い、U（uncountable）という記号で示します。　◀数えられない名詞

　不可算名詞とは、例えばコーヒーや水のような液体や、石けんのような形状が特定できないもので、1個、2個と数えることのできない名詞のことです。

　不可算名詞は、可算名詞のようにaや複数形の-sを付けることができません。

公式115 不可算名詞のルール

▶ 不可算名詞の数え方

　これらの不可算名詞をあえて数える場合には、a cup of coffee（1杯のコーヒー）や、a glass of water（グラス1杯の水）、a cake of soap

公式116 不可算名詞をあえて数える

SECTION 10・・・接続語とその他重要事項

（石けん1個）のような数え方をします。

また、これらを2つ、3つと数える場合には、 ◀単位を複数形に
two cups of coffee（2杯のコーヒー）、three glasses of water（グラス3杯の水）、four cakes of soap（石けん4個）というように、名詞ではなく単位のほうを複数形にします。

不可算名詞には、コーヒーや水のように不可算名詞だとわかりやすいものばかりではなく、見抜きにくいものもあります。

例えば、furniture（家具）やinformation（情報）、baggage（荷物）、advice（忠告）などです。

これらは、意外かもしれませんが不可算名詞です。数えるときは、a piece of furniture（1点の家具）、two pieces of information（2つの情報）のように数えなければなりません。

まとめ

〈不可算名詞の数え方〉

□ a cup of coffee / two cups of coffee
　1杯のコーヒー　　2杯のコーヒー
□ a glass of water / two glasses of water
　グラス1杯の水　　グラス2杯の水
□ a cake of soap / two cakes of soap
　石けん1個　　　　石けん2個

〈まぎらわしい不可算名詞〉

□ furniture　　　家具
□ information　　情報
□ advice　　　　忠告
□ baggage　　　　手荷物

＊これらは、a piece of ～、two pieces of ～のように数える

UNIT 51 another と the other

用法の違いを
理解しておこう

CD-61　例　文

❶ ☐ I don't like this necktie. Could you show me another?

❷ ☐ I have two brothers. One lives in New York. The other lives in Tokyo.

例文訳　❶ 私はこのネクタイは好きではありません。他のものを見せてもらえますか。
　　　　❷ 私には2人の兄がいる。1人はニューヨークに住んでいる。もう1人は東京に住んでいる。

➡ a と the の違いを知っておこう

　another と the other の区別は、代名詞の中でも非常にまぎらわしく、わかりにくいものだと言えます。

　この区別には、まず a と the の違いを理解しておく必要があります。

　a は、他にもいろいろある中で、とりあえず「1つの～」という場合に使います。

　the は、当然わかっていると思うけれども、「例の～」「あの～」という場合に使います。つまり、その名詞が何なのか、言っている人も聞いている人もわかっている状態ということなのです。

　実は、an と other が合体してできたのが another で、the と other が合体してできたのが the other なのです。

◀ an + other = another
　the + other = the other

SECTION 10・・・接続語とその他重要事項

➡ 他にも残りがある→another、残り1つしかない→the other

anotherを使うのは、「他にも残りがある」という場合です。

公式117
anotherの使い方

一方、the otherを使うのは、他には何もなくそれだとわかっているような場合、つまり「残りが1つしかない」ような場合です。

公式118
the otherの使い方

例文1は、お店でネクタイを選んでいるときの会話で、あるネクタイが嫌いで、「他のものを見せてください」と言っている場面だと思われます。

この場合、お店にネクタイがたった2本しかない、ということは考えられませんよね。他にもたくさんあるネクタイの中から「別のもう1つを見せてください」と言っているので、an＋otherのanotherが使われているのです。

例文2では、2人いる兄のうち、1人がニューヨークに住んでいるのですから、兄は残り1人しかいませんよね。このように、「残り1人」というような場合には、the＋otherのthe otherを使わなければなりません。

この区別は複数になった場合でも同じです。othersを使った場合には、「他にも残りがある」ということになり、the othersを使った場合は、「他には残りが何もない」、つまり「残りすべて」ということになります。

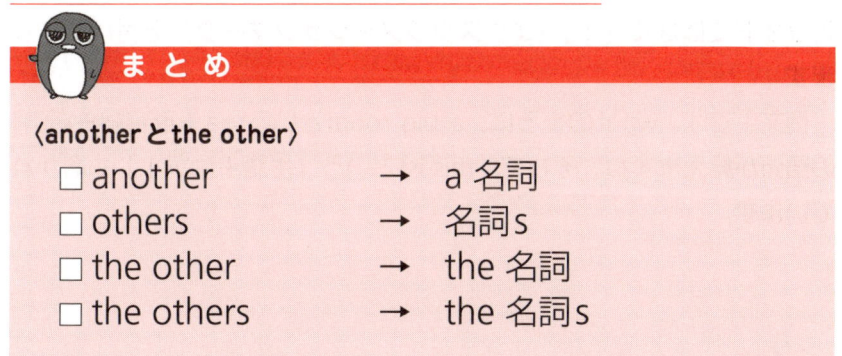

◀複数の場合→othersとthe others

まとめ

〈another と the other〉

- □ another　　　→　a 名詞
- □ others　　　　→　名詞s
- □ the other　　→　the 名詞
- □ the others　　→　the 名詞s

UNIT 52 感嘆文

「なんと…だろう」と驚きを表現する文だよ

CD-62　例文

❶ ☐ What a big room this is!
❷ ☐ How fast he runs!

例文訳　❶ なんて大きな部屋なんだろう！
　　　　❷ 彼は走るのがなんて速いんでしょう！

➡ What型：形容詞＋名詞が続く

　「なんと…だろう」というように、自分の驚きを表現したいときに使うのが「感嘆文」という種類の文です。
　この感嘆文には、例文1のように、whatという言葉を使う場合と、例文2のように、howという言葉を使う場合があります。
　whatを使った感嘆文は、whatの後ろに「a＋形容詞＋名詞」、もしくは「形容詞＋名詞の複数形」などの形を置き、その後ろに「主語＋動詞」、さらに文末にはピリオドではなく「！」（エクスクラメーションマーク）を付けて作ります。

公式119
whatを使った感嘆文

　例文1では、whatの後ろに、a big roomという「a＋形容詞＋名詞」の語順が見えますね。そして、this is!という「主語＋動詞！」も置かれています。

➡️ How型：形容詞または副詞が続く

howを使った感嘆文は、howの後ろに「形容詞」や「副詞」を置き、その後ろに「主語＋動詞！」を付けて作ります。

公式120
howを使った感嘆文

例文2では、howの後ろにfastという形容詞が置かれ、he runs!という「主語＋動詞！」が続いています。

しかし、実際の会話では、直後の「主語＋動詞」の部分がしばしば省略されてしまいます。

◀会話では「主語＋述語」を省略可

例文1であればWhat a big room!と、例文2ではHow fast!という文になることがあるので注意しましょう。

まとめ

〈感嘆文の作り方〉

- what＋a＋形容詞＋名詞（＋S＋V）！
  what＋形容詞＋名詞s（＋S＋V）！

- How＋形容詞／副詞（＋S＋V）！

かんたん10分エクササイズ

簡単な英文をつくってみましょう！

☐ **1** 私は外国へ行きたかったが、妻は日本の温泉に行きたがった。

● 私の希望と妻の希望が逆なので、butで表します。(go abroad, a hot spring)

☐ **2** 私が部屋に入っていったとき、会議はすでに始まっていた。

●「するとき」ですから接続詞のwhenを使いますが、会議はすでに始まっていたので、後半部分では過去完了にするのを忘れないようにしましょう。(go into, meeting, begin)

☐ **3** 私の上司が、そのやり方についてのアドバイスをいくつかくれた。

● adviceはpieceで数えます。「AにBを与える」は「give A B」でしたね。「Vする方法」は「how to V」で表します。いわゆる「ハウツー」です。(a few)

☐ **4** 彼らは現代音楽の分野でたいへんな活躍をした。

●「活躍する」はbe activeを使います。「分野」を表すfieldの前置詞はinです。(contemporary music)

☐ **5** 私たちはアラビア語の知識が豊富な人を探している。

●「知識が豊富な人」は「豊富な知識を持った人」と考えて、withを使います。「豊富な知識」はgood knowledgeと言います。(look for, person, Arabic)

SECTION 10 ・・・ 接続語とその他重要事項

学習した英文法の知識を使って、以下の日本文を英語に変えてみましょう。カッコの中はキーワードです。

☐ **6** 私は毎朝、ニンジンジュースをコップに1杯飲む。

● 冷たい飲み物はglassで飲みます。(have, carrot juice, every morning)

☐ **7** 紅茶をもう1杯いかがですか。

● 人に勧めるとき、普通はもう1杯だけということはありませんから、anotherを使います。(would like)

☐ **8** 私たちは犬を2匹飼っている。1匹はテリアでもう1匹はゴールデンリトリバーだ。

● 2匹いるうちの「1匹は～で、もう1匹は～」ですからoneとthe otherを使います。(have, terrier, golden retriever)

☐ **9** あなたはなんと高得点をあげたのでしょう。

● 「高得点」はa high scoreで、「a＋形容詞＋名詞」の形ですから、感嘆文にはwhatを使います。また高い得点に今びっくりしているのですから、現在完了が適切です。(gain)

☐ **10** あなたはこの本の最後のセクションまで、なんと一生懸命勉強してきたことでしょう。

● お疲れさまでした。これで少しでも英作文に自信がついてくれればよいのですが…。「一生懸命勉強する」はwork hardと言うので、howを使った感嘆文にします。今まで勉強してきたので現在完了を使います。(to the last section)

正解は次ページ

正解と解説 　CD-63

□1 <u>I</u> <u>wanted</u> <u>to go abroad</u>, but <u>my wife</u>　▶UNIT 48
　　　S　　V　　　　O　　　　　　　　S　　　　　　(p. 174)
　　<u>wanted</u> <u>to go to a hot spring</u> <u>in Japan</u>.
　　　V　　　　　O　　　　　　　　　←adj

● ヒントではbutを使うと書きましたが、andやwhileを使うこともできます。その場合は対立関係が弱まります。

□2 <u>When</u> <u>I</u> <u>went</u> <u>into the room</u>,　▶UNIT 48
　　　adv　s　v　　　adv　　　　　　　　(p. 174)
　　<u>the meeting</u> <u>had</u> <u>already</u> <u>begun</u>.
　　　　S　　　　　V　　adv　　(V)

□3 <u>My boss</u> <u>gave</u> <u>me</u>　▶UNIT 50
　　　　S　　　V　　O　　　　　　　　(p. 180)
　　<u>a few pieces of advice</u> <u>about how to do it</u>.
　　　　　　O　　　　　　　　　←adj

● aboutはas toでもかまいません。また、a few ... do itが長いため、meを最後に持ってきてto meと書くと不自然な文になってしまいます。

□4 <u>They</u> <u>were</u> <u>very active</u> <u>in the field</u>　▶UNIT 49
　　　　S　　V　　　C　　　　　adv　　　　　　(p. 178)
　　<u>of contemporary music</u>.
　　　　　←adj

□5 <u>We</u> <u>are looking for</u> <u>a person</u>　▶UNIT 49
　　　　S　　　V　　　　　O　　　　　　　　(p. 178)
　　<u>with a good knowledge of Arabic</u>.
　　　　　　　←adj

S：主語　V：動詞　O：目的語　C：補語　adv：副詞（句・節）　adj：形容詞（句・節）

SECTION 10 ··· 接続語とその他重要事項

正解を声に出しながら、しっかり復習しておきましょう。
正解の英文はCDに収録されています。

☐ **6** I have a glass of carrot juice every morning.　▶ UNIT 50 (p. 180)

☐ **7** Would you like another cup of tea?　▶ UNIT 51 (p. 182)

☐ **8** We have two dogs. One is a terrier, and the other is a golden retriever.　▶ UNIT 51 (p. 182)

☐ **9** What a high score you have gained!　▶ UNIT 52 (p. 184)

☐ **10** How hard you have worked to the last section of this book!　▶ UNIT 52 (p. 184)

● 最後のセクションは1つしかないのでtheを使います。

ポイントを総復習しましょう
英文法公式 120

SECTION 1～10で紹介した英文法の重要ポイントを120の公式としてまとめました。もう一度自分の知識をチェックして、忘れたものは学習ページに戻って、おさらいしておきましょう。

UNIT 1　be動詞と一般動詞の区別　▶ pp. 26-27
- ☐ 公式1　◆「be動詞」：「である」「です」という意味。動詞の左右にあるものがイコールの関係。
- ☐ 公式2　◆「一般動詞」：Iやyou、あるいはweが主語の場合には、そのままの形。三人称単数の主語では動詞の後にsを付ける。

UNIT 2　be動詞の否定文・疑問文　▶ pp. 28-29
- ☐ 公式3　◆be動詞の否定文は、be動詞の直後にnotを置いて作る。
- ☐ 公式4　◆be動詞の疑問文は、be動詞を文頭に置き、文の終わりに「?」を付ける。

UNIT 3　一般動詞の否定文・疑問文　▶ pp. 30-31
- ☐ 公式5　◆一般動詞の否定文は、主語と一般動詞の間にdo not（三単現ならdoes not）を置いて作る。
- ☐ 公式6　◆一般動詞の疑問文は、主語の前にdo（三単現ならdoes）を置き、文末に「?」を付けて作る。

UNIT 4　疑問詞を使った疑問文　▶ pp. 32-33
- ☐ 公式7　◆疑問詞を使った疑問文：具体的な情報を求める。
- ☐ 公式8　◆疑問詞の種類：where（どこ）／when（いつ）／why（どうして）／how（どのように）／who（だれ）／which（どちら）

UNIT 5　付加疑問文　▶ pp. 34-35
- ☐ 公式9　◆「付加疑問文」：「だよね」「しますよね」といった、軽い疑問や念押しを表す。
- ☐ 公式10　◆作り方：前の文が肯定文の場合→「…, ＋否定の付加疑問文」
　　　　　　　　　　前の文が否定文の場合→「…, ＋肯定の付加疑問文」

UNIT 6　命令文　▶pp. 36-37

- ☐ 公式11◆「命令文」：「Vしろ」という意味の命令文では、文頭に原形動詞を置く。
- ☐ 公式12◆「否定の命令文」：Don'tを命令文の前に置く。
- ☐ 公式13◆「ていねいな命令文」：命令文の前後にpleaseという言葉を置くと、「Vしてください」というていねいな意味になる。

UNIT 7　be動詞の過去形　▶pp. 44-45

- ☐ 公式14◆「~だった」のように、過去にあった状態や出来事を表す。be動詞をwasかwereに変化させる。
- ☐ 公式15◆否定文は、wasやwereの後ろにnotを置く。
- ☐ 公式16◆疑問文は、wasやwereを前に出し、文末に「?」を付ける。

UNIT 8　一般動詞の過去形　▶pp. 46-47

- ☐ 公式17◆「規則動詞」：-edや-dを付けて過去形に変化させる。
- ☐ 公式18◆「不規則動詞」：動詞の形の変化を、1つひとつ覚えておかなければならない。

UNIT 9　一般動詞の過去形の否定文・疑問文　▶pp. 48-49

- ☐ 公式19◆否定文は、主語と動詞の間にdid notを置いて作る。
- ☐ 公式20◆疑問文は、主語の前にdidを置き、文末に「?」を付けて作る。

UNIT 10　未来形　▶pp. 50-51

- ☐ 公式21◆「will」：動詞の前にwillという助動詞を置き、その後ろに原形動詞を置く。否定文はwill not。疑問文はwillを文頭に、「?」を文末に置く。
- ☐ 公式22◆「be going to」：「主語＋be動詞」の後ろにgoing toを置き、その後ろに原形動詞を置く。否定文はbe動詞の後ろにnotを付ける。疑問文はbe動詞を文頭に、「?」を文末に置く。

UNIT 11　副詞節の中の未来は現在形　▶pp. 52-53

- ☐ 公式23◆動詞にかかる副詞の働きをする節――「副詞節」の中では、「未来のことでも現在形で書く」ことがある→「時」を表す副詞節の場合。
- ☐ 公式24◆条件を表すif S V（SがVするならば）のような副詞節の中でも、未来のことは現在形で表す。

UNIT 12　進行形　▶ pp. 54-55

- ☐ **公式25**◆現在や過去の一時的な動作や状態を表す。
- ☐ **公式26**◆「現在進行形」は、be動詞の現在形の後ろに「動詞の-ing形」を置いて作る。
- ☐ **公式27**◆「過去進行形」は、be動詞の過去形の後ろに「動詞の-ing形」を置いて作る。

UNIT 13　現在完了形　▶ pp. 62-63

- ☐ **公式28**◆現在から見て、過去から行っていることが、今どういう状態になったか、ということを表現したいときに使う。
- ☐ **公式29**◆主語の後ろにhaveやhasを置き、その直後に動詞の過去分詞形（Vpp）を置いて作る。

UNIT 14　現在完了形の否定文・疑問文　▶ pp. 64-65

- ☐ **公式30**◆否定文：haveやhasと動詞の過去分詞形の間に、否定語のnotやneverを置いて作る。「経験」を表す現在完了形では、notの代わりにneverを使うこともある。
- ☐ **公式31**◆疑問文：haveやhasを文頭に置き、主語と動詞の過去分詞形を続け、文末に「？」を付ける。

UNIT 15　過去完了形と未来完了形　▶ pp. 66-67

- ☐ **公式32**◆「過去完了形」は、「過去までの経験や継続や完了」を表し、「had＋Vpp」という形をとる。
- ☐ **公式33**◆「未来完了形」は、「未来までの経験や継続や完了」を表し、「will have Vpp」という形をとる。

UNIT 16　助動詞の使い方　▶ pp. 68-69

- ☐ **公式34**◆動詞の前に置かれ、動詞に意味を付け加える働きをする。後ろの動詞は原形になる。
- ☐ **公式35**◆否定文は助動詞の後ろに否定語のnotを置いて作る。
- ☐ **公式36**◆疑問文は助動詞を文頭に出し、文末に「？」を付けて作る。

UNIT 17　過去を推察する助動詞表現　▶ pp. 70-71

- ☐ **公式37**◆「助動詞＋have Vpp」の形を使った表現で、「Vだったかも」（過去の推察）や「Vすればよかった」（過去の後悔）という意味を表す。

UNIT 18　自動詞と他動詞　▶pp. 78-79

- □ 公式38◆5文型とは、「5種類の動詞の使い方」と考えるとわかりやすい。
- □ 公式39◆「自動詞」：そこで動作が完結しており、直後にピリオドを打っても、文が成立する動詞。
- □ 公式40◆「他動詞」：動作が他に影響を及ぼし、直後に、「～と」「～に」に当たる「目的語」と呼ばれる名詞を置かなければ、文が完結しない動詞。
- □ 公式41◆同じ「他動詞」でも、第4文型の他動詞は、第3文型と異なり、「～に～を」というように、目的語を2つとることができる。

UNIT 19　まぎらわしい他動詞と自動詞　▶pp. 80-81

- □ 公式42◆discussは「他動詞」なので、動詞の直後には前置詞は必要なく、直後には目的語の名詞を置かなければならない。
- □ 公式43◆apologizeは一見他動詞のように見えるが、実は「自動詞」で、直後に謝罪する相手や理由を置く場合には、toやforなどの前置詞が必要。

UNIT 20　第2文型と第5文型　▶pp. 82-83

- □ 公式44◆「第2文型」：動詞の後ろに「補語」と呼ばれる、名詞や形容詞が置かれ、主語（S）と補語（C）の間は必ず「S＝C」という関係になる。
- □ 公式45◆「第5文型」：他動詞の後ろに、目的語となる名詞が置かれ、その後ろに、補語となる名詞や形容詞が置かれる。この目的語（O）と補語（C）の間は必ず「O＝C」の関係になる。

UNIT 21　受動態の作り方　▶pp. 84-85

- □ 公式46◆主語の後に「be動詞＋過去分詞形」を置いて表現する。byという前置詞を使って、もともと主語であった動作の主を表す。
- □ 公式47◆第4文型のＳＶO_1 O_2を受動態にするには、O_1を主語にする場合→「O_1 be Vpp O_2」となり、O_2を主語にする場合→「O_2 be Vpp to[for] O_1」となる。

UNIT 22　不定詞の名詞的用法　▶ pp. 92-93

- [ ] **公式48**◆「to＋動詞の原形」という形で表される不定詞は、「名詞」、「形容詞」、「副詞」の３つの品詞の働きをする。
- [ ] **公式49**◆「名詞的用法」は「Vすること」という意味で、名詞として使われる。
- [ ] **公式50**◆形式主語のit：「It is ... for ～ to V」という形で、「～がVするのは…だ」という意味を持つ不定詞を使った構文になる。
- [ ] **公式51**◆形式目的語のit：「S V it C to V」という形で、Oの部分をいったんitに置き換え、不定詞などの長いものを後回しにする。

UNIT 23　不定詞の形容詞的用法　▶ pp. 94-95

- [ ] **公式52**◆「Vするという」「Vするための」という意味で、形容詞と同じ働きをする。
- [ ] **公式53**◆修飾される名詞と後ろに続く不定詞の間には、「主語と述語の関係」や「イコールの関係」が成り立つ。
- [ ] **公式54**◆形容詞的用法の不定詞に「Vするための名詞」という関係がある場合には、不定詞の動詞の後ろは名詞が抜けた状態でなければならない。

UNIT 24　不定詞の副詞的用法　▶ pp. 96-97

- [ ] **公式55**◆「副詞的用法」の不定詞は、「Vするために」（目的）、「Vして」（感情の原因）、「Vするほど」（程度）、「Vするならば」（条件）、「Vするとは」（判断の根拠）などを表す。
- [ ] **公式56**◆「そしてVする」（結果）の副詞的用法は、熟語のようにしてまとめて覚えておくいい。

UNIT 25　原形不定詞　▶ pp. 98-99

- [ ] **公式57**◆make、let、see、have、helpなど、いくつかの動詞の後ろでは「目的語＋原形動詞」という形が使われる。
- [ ] **公式58**◆原形不定詞を使った文を受動態にした場合は、to不定詞を使わなければならない。

UNIT 26　動名詞の使い方　▶ pp. 100-101

- ☐ 公式59 ◆ 動詞の形をVingに変えて、「Vすること」のような意味を持たせることができる用法で、文中で名詞の働きをする。
- ☐ 公式60 ◆ 動名詞のみを目的語にとる動詞→enjoy、finish、mindなど。不定詞のみを目的語にとる動詞→plan、promise、wishなど。どちらも目的語にとる動詞→likeなど。
- ☐ 公式61 ◆ 不定詞には未来的な意味合いがある。

UNIT 27　完了不定詞と完了動名詞　▶ pp. 102-103

- ☐ 公式62 ◆ 不定詞や動名詞の部分が、主文の表す時間よりも過去の出来事である場合、その部分には「完了不定詞」や「完了動名詞」を使う。
- ☐ 公式63 ◆ 「完了不定詞」→「to have Vpp」、「完了動名詞」→「having Vpp」の形で表す。

UNIT 28　現在分詞と過去分詞　▶ pp. 110-111

- ☐ 公式64 ◆ 「分詞」とはVingやVppという動詞の変化形で、形容詞の働きをする。
- ☐ 公式65 ◆ Ving形の「現在分詞」は、「Vする」「Vしている」という意味で使われる。
- ☐ 公式66 ◆ Vpp形の「過去分詞」は、「Vされる」「Vされた」という意味で使われる。

UNIT 29　付帯状況のwith　▶ pp. 112-113

- ☐ 公式67 ◆ 「付帯状況のwith」：withの後ろに、名詞と、形容詞や分詞、前置詞＋名詞などを置き、「with＋名詞＋…」という形で、「名詞を…の状態にして」という意味を表す。
- ☐ 公式68 ◆ 「have ～ Vpp」の構文：「～をVされる」「～をVしてもらう」という意味を表す。

UNIT 30　分詞構文の基本　▶ pp. 114-115

- ☐ 公式69 ◆ 「分詞構文」は、動詞のVing形で、文全体や動詞を修飾し、副詞のような働きをする。
- ☐ 公式70 ◆ 「Vするので」（理由）、「Vするとき」（時）、「Vするならば」（条件）、「Vして；Vしながら」（付帯状況）、「Vするけれども」（譲歩）、「そしてVする」（結果）など、さまざまな意味がある。
- ☐ 公式71 ◆ 分詞構文の表す時間が主文の表す時間よりも前である場合には、having Vppという分詞構文の形を使う。

UNIT 31　受動分詞構文　▶ pp. 116-117

- [ ] 公式72◆「受動分詞構文」：受動態の分詞構文で、beingが外れて、過去分詞形だけが前に残った分詞構文のこと。
- [ ] 公式73◆受動分詞構文では時間のズレを示す必要がなく、主文より前の時点のことでも先頭に過去分詞形を使うことができる。
- [ ] 公式74◆主文の主語が「する」のであればVing形を使い、主文の主語が「される」「された」のであればVpp形を使う。

UNIT 32　関係代名詞の主格　▶ pp. 124-125

- [ ] 公式75◆関係代名詞の主格の後ろには動詞が置かれ、「関係代名詞＋動詞」という形で、直前の名詞を修飾・説明する。
- [ ] 公式76◆関係代名詞の主格の用法では、先行詞が人間を表す場合は「who＋動詞」の形を使い、先行詞が物の場合は「which＋動詞」の形を使う。

UNIT 33　関係代名詞の所有格　▶ pp. 126-127

- [ ] 公式77◆関係代名詞の所有格は、先行詞が持っているもの、つまり所有物を修飾・説明したいときに使う。
- [ ] 公式78◆先行詞が物でも人でもwhoseを使う。

UNIT 34　関係代名詞の目的格　▶ pp. 128-129

- [ ] 公式79◆目的格の関係代名詞の直後には節が置かれるが、この節は必ず他動詞や前置詞の目的語が抜けている不完全な文でなければならない。
- [ ] 公式80◆先行詞が人の場合whom、物の場合whichだが、口語ではほとんど使われず、thatを使うほうがより自然。

UNIT 35　基本的な関係副詞　▶ pp. 130-131

- [ ] 公式81◆関係副詞は、後ろに節を置いて直前の先行詞を修飾・説明する。
- [ ] 公式82◆関係副詞の直後には必ず「完全な文」が置かれなければならない。
- [ ] 公式83◆先行詞が「場所」の場合→where、「時」の場合→when、the reason（理由）の場合→whyを使う。

UNIT 36　前置詞＋関係代名詞　▶ pp. 132-133

- [ ] 公式84◆目的格の関係代名詞の直後にくる不完全な文の前置詞を、目的格の関係代名詞の前に移動させることができる。
- [ ] 公式85◆関係代名詞の直前に前置詞を置くことができるのは、whichとwhomで、関係代名詞thatの前には置くことはできない。

UNIT 37　関係詞の非制限用法　▶pp. 134-135

- ☐ **公式86**◆「非制限用法」：関係代名詞の直前にコンマを使う用法のこと。
- ☐ **公式87**◆コンマの後ろに続く関係詞の部分はあくまで追加や補足。
- ☐ **公式88**◆「, which」は特定の名詞だけでなく、前の文や節、あるいは全体の内容などを先行詞とすることもできる。

UNIT 38　関係代名詞のwhat　▶pp. 136-137

- ☐ **公式89**◆関係代名詞のwhatは、「こと」「もの」という先行詞の意味がすでに含まれている言葉。
- ☐ **公式90**◆主格としても目的格としても使うことができる。

UNIT 39　-everの構文　▶pp. 138-139

- ☐ **公式91**◆関係詞や疑問詞に-everという言葉を付けると、「どんな…でも」「…であろうとも」といった意味を出すことができる。
- ☐ **公式92**◆howeverなどを使った副詞節は、-everの部分を「no matter how …」という形に書き換えることもできる。

UNIT 40　仮定法の基本　▶pp. 146-147

- ☐ **公式93**◆「仮定法過去」：if節には過去形を用い、主節ではwould、should、could、mightなどの過去形の助動詞を使う。
- ☐ **公式94**◆「仮定法過去完了」：if節には、had Vppという過去完了形を用い、主節ではwould have Vpp、could have Vpp、should have Vpp、might have Vppなどの「過去形の助動詞＋完了形」の形を使う。

UNIT 41　仮定法未来　▶pp. 148-149

- ☐ **公式95**◆「万一SがVするならば」という未来の仮定を表し、「If S should V, S will[would] V」と「if S were to V, S would V」の2つの形がある。
- ☐ **公式96**◆倒置構文にすることができる→「Should S V」、「Were S to V」

UNIT 42　I wishとas if　▶pp. 150-151

- ☐ **公式97**◆I wish：「現実にはありえないことを願う」場合に使う表現で、「I wish S Vp」（SがVすればいいなあ）という形をとる。
- ☐ **公式98**◆as if：「as if S Vp」（SがVするかのごとく）または「as if S had Vpp」（SがVしたかのごとく）という形をとる。

UNIT 43 　「ないならば」公式　▶ pp. 152-153

- □ 公式99◆without ～：「～がないならば」「～がなかったならば」という意味を持ち、仮定法のif節の代わりになることができる。but for ～ と書き換えることもできる。
- □ 公式100◆「～がないならば」と言いたい場合には、If it were not for ～、またはWere it not for ～ も使える。

UNIT 44 　限定用法と叙述用法　▶ pp. 160-161

- □ 公式101◆「限定用法」：形容詞が「名詞を前から修飾する」用法のこと。
- □ 公式102◆「叙述用法」：形容詞が「補語の位置で使われる」用法のこと。SVCやSVOCという文型のCに当たる。

UNIT 45 　比較級　▶ pp. 162-163

- □ 公式103◆比較的短い形容詞の場合には形容詞の後ろに-erを付けて、比較的長い形容詞の場合には、直前にmoreという言葉を置く。
- □ 公式104◆「A be 比較級 than B」（AはBより…だ）が基本形。
- □ 公式105◆「比較級 than any other ～」（他のどんな～よりも…）や「No other ～ 比較級than －.」（－よりも…な～はない）で、最上級表現ができる。

UNIT 46 　最上級　▶ pp. 164-165

- □ 公式106◆短めの形容詞の場合、語尾に-estを付け、長めの形容詞の場合には、形容詞の前にmostを置き、その直前にtheを付けて、「the＋最上級」という形にする。
- □ 公式107◆最上級を強調する場合は、「by far the 最上級」、「much the 最上級」、「the very 最上級」などの形を使う。
- □ 公式108◆「the 最上級＋名詞 that S have ever Vpp ϕ」：「Sがこれまでに Vした中で一番…な名詞」という意味の重要表現。

UNIT 47 　同等比較　▶ pp. 166-167

- □ 公式109◆「as＋形容詞〔副詞〕の原級＋as ～」：「～と同じくらい…だ」という意味を表す。否定語が直前に置かれて、not as ... as ～、もしくはnot so ... as ～という形になると、「～ほど…ではない」という意味になる。
- □ 公式110◆「～ times」：「～倍」というように倍数を表す表現。

UNIT 48　等位接続詞と従位接続詞　▶ pp. 174-175

- ☐ 公式111◆but（しかし）、and（また）、so（だから）といった「等位接続詞」は、接続詞の前の文と後ろの文を、同じような重要度で結びつける。
- ☐ 公式112◆although（だけれども）、if（もし）、when（するとき）などの「従位接続詞」は、接続詞の前後の文で、重要度が違う。「主節」のほうが重要で、「従節」は付属品。

UNIT 49　前置詞　▶ pp. 178-179

- ☐ 公式113◆「前置詞＋名詞」には、「副詞句」と「形容詞句」という２つの働きがある。
- ☐ 公式114◆前置詞の意味を覚える場合には、その働きをイメージして覚えておくと効果的だ。

UNIT 50　不可算名詞　▶ pp. 180-181

- ☐ 公式115◆「不可算名詞」：コーヒーや水のような液体や石けんのような形状が特定できないもので、aや複数形のsを付けることができない。
- ☐ 公式116◆あえて数える場合には、a cup of coffee（１杯のコーヒー）や、a glass of water（グラス１杯の水）、a cake of soap（石けん１個）のような数え方をする。

UNIT 51　anotherとthe other　▶ pp. 182-183

- ☐ 公式117◆anotherを使うのは、「他にも残りがある」という場合。
- ☐ 公式118◆the otherを使うのは、他には何もなくそれだとわかっているような場合、つまり「残りが１つしかない」ような場合。

UNIT 52　感嘆文　▶ pp. 184-185

- ☐ 公式119◆「whatを使った感嘆文」：whatの後ろに「a＋形容詞＋名詞」、もしくは「形容詞＋名詞の複数形」などの形を置き、その後ろに「主語＋動詞」、文末には「！」を付ける。
- ☐ 公式120◆「howを使った感嘆文」：howの後ろに「形容詞」や「副詞」を置き、その後ろに「主語＋述語！」を付ける。

不規則動詞100選

「原形―過去形―過去分詞形」が不規則に変化する頻出動詞を集めました。しっかり覚えて、使いこなせるようにしましょう。

	動詞	意味	原形 ▶	過去形 ▶	過去分詞形
☐1	awake	目覚めさせる	awake	awoke	awoke / awoken
☐2	bear	耐える	bear	bore	borne
☐3	beat	打つ	beat	beat	beaten
☐4	begin	始める	begin	began	begun
☐5	bend	曲げる	bend	bent	bent
☐6	bind	縛る	bind	bound	bound
☐7	bite	かむ	bite	bit	bitten
☐8	blow	吹く	blow	blew	blown
☐9	break	壊す	break	broke	broken
☐10	bring	持ってくる	bring	brought	brought
☐11	build	建てる	build	built	built
☐12	burn	焼く	burn	burnt	burnt
☐13	buy	買う	buy	bought	bought
☐14	catch	捕まえる	catch	caught	caught
☐15	choose	選ぶ	choose	chose	chosen
☐16	come	来る	come	came	come
☐17	cost	(費用が)かかる	cost	cost	cost
☐18	cut	切る	cut	cut	cut
☐19	dig	掘る	dig	dug	dug
☐20	draw	引く	draw	drew	drawn
☐21	drink	飲む	drink	drank	drunk
☐22	drive	運転する	drive	drove	driven

	動詞	意味	原形 ▶	過去形 ▶	過去分詞形
☐23	**eat**	食べる	eat	ate	eaten
☐24	**fall**	落ちる	fall	fell	fallen
☐25	**feed**	養う	feed	fed	fed
☐26	**feel**	感じる	feel	felt	felt
☐27	**fight**	戦う	fight	fought	fought
☐28	**find**	見つける	find	found	found
☐29	**forgive**	許す	forgive	forgave	forgiven
☐30	**freeze**	凍る	freeze	froze	frozen
☐31	**get**	得る	get	got	got / gotten
☐32	**give**	与える	give	gave	given
☐33	**go**	行く	go	went	gone
☐34	**grow**	成長する	grow	grew	grown
☐35	**hang**	つるす	hang	hung	hung
☐36	**hear**	聞く	hear	heard	heard
☐37	**hide**	隠す	hide	hid	hidden
☐38	**hit**	打つ	hit	hit	hit
☐39	**hold**	抱く	hold	held	held
☐40	**hurt**	傷つける	hurt	hurt	hurt
☐41	**keep**	保つ	keep	kept	kept
☐42	**know**	知る	know	knew	known
☐43	**lay**	横たえる	lay	laid	laid
☐44	**leave**	去る	leave	left	left
☐45	**lend**	貸す	lend	lent	lent
☐46	**let**	させる	let	let	let
☐47	**lie**	横たわる	lie	lay	lain
☐48	**lose**	失う	lose	lost	lost

	動詞	意味	原形 ▶	過去形 ▶	過去分詞形
☐49	**make**	作る	make	made	made
☐50	**mean**	意味する	mean	meant	meant
☐51	**meet**	会う	meet	met	met
☐52	**overcome**	克服する	overcome	overcame	overcome
☐53	**pay**	支払う	pay	paid	paid
☐54	**put**	置く	put	put	put
☐55	**read**	読む	read	read	read
☐56	**ride**	乗る	ride	rode	ridden
☐57	**ring**	鳴る	ring	rang	rung
☐58	**rise**	昇る	rise	rose	risen
☐59	**run**	走る	run	ran	run
☐60	**say**	言う	say	said	said
☐61	**see**	見る	see	saw	seen
☐62	**seek**	探し求める	seek	sought	sought
☐63	**sell**	売る	sell	sold	sold
☐64	**send**	送る	send	sent	sent
☐65	**set**	据える	set	set	set
☐66	**sew**	縫う	sew	sewed	sewn
☐67	**shake**	振り動かす	shake	shook	shaken
☐68	**shine**	輝く	shine	shone	shone
☐69	**shoot**	撃つ	shoot	shot	shot
☐70	**show**	示す	show	showed	shown
☐71	**shrink**	縮む	shrink	shrank	shrunk
☐72	**shut**	閉める	shut	shut	shut
☐73	**sing**	歌う	sing	sang	sung
☐74	**sink**	沈む	sink	sank	sunk

	動詞	意味	原形 ▶	過去形 ▶	過去分詞形
□75	**sit**	座る	sit	sat	sat
□76	**sleep**	眠る	sleep	slept	slept
□77	**speak**	話す	speak	spoke	spoken
□78	**spend**	費やす	spend	spent	spent
□79	**spread**	広げる	spread	spread	spread
□80	**spring**	跳ぶ	spring	sprang	sprung
□81	**stand**	立つ	stand	stood	stood
□82	**steal**	盗む	steal	stole	stolen
□83	**strike**	叩く	strike	struck	struck
□84	**sweep**	掃く	sweep	swept	swept
□85	**swim**	泳ぐ	swim	swam	swum
□86	**swing**	揺れる	swing	swung	swung
□87	**take**	取る	take	took	taken
□88	**teach**	教える	teach	taught	taught
□89	**tear**	引き裂く	tear	tore	torn
□90	**tell**	告げる	tell	told	told
□91	**think**	考える	think	thought	thought
□92	**throw**	投げる	throw	threw	thrown
□93	**understand**	理解する	understand	understood	understood
□94	**upset**	ひっくり返す	upset	upset	upset
□95	**wake**	目覚める	wake	woke	woken
□96	**wear**	着ている	wear	wore	worn
□97	**weep**	しくしく泣く	weep	wept	wept
□98	**win**	勝つ	win	won	won
□99	**wind**	巻く	wind	wound	wound
□100	**write**	書く	write	wrote	written

あとがき

　皆さん、私の「英文法講義」に最後までおつきあいいただき、本当にありがとうございました。一度でわからなかった部分は何度も繰り返して勉強してくださいね。英文法がわかるようになると、疑問が氷解して、英語の勉強が何倍も楽しくなってきます。
　「わかるから楽しい、楽しいからもっとやりたい、もっとやったら、もっとわかるから、もっとたのしい」――こんなサイクルにハマったら、皆さんはもう英語の勉強がやめられなくなるはずです。
　英語の楽しい部分はまだこれからです。リスニング、スピーキング、リーディングへと学習の幅を広げ、もっともっと英語を楽しんでくださいね。

　　　　　　　　　　　Thank you very much.

●著者紹介

安河内哲也 Tetsuya Yasukochi

東進ビジネススクール講師、言語文化舎代表。中学生から社会人まで、あらゆる世代の3万人を超える人々に、衛星放送などのメディアを通じて英語を教えている。帰国子女でも留学経験者でもないが、TOEIC4分野すべて満点をはじめ、国連英検特A級、英検1級、通訳案内業など10以上の英語資格を取得。独自のメソッドをつめこんだ熱い講義は、多くの人々から絶賛されている。『できる人の勉強法』（中経出版）、『英単語FOMURA1700』（東進ブックス）、『新TOEIC TEST英文法スピードマスター』『新TOEIC TEST英文法問題集　集中攻略』『TOEIC TEST英単語・イディオム直前350』（以上、Jリサーチ出版）ほか、大学受験用参考書を中心に著書は70冊を超える。

ホームページ：http://www.yasukochi.jp

執筆協力	森川誠子／魚水　憲
カバーデザイン	滝デザイン事務所
イラスト	みうらもも

ゼロからスタート英文法

平成15年（2003年）9月10日　初版第1刷発行
平成22年（2010年）10月10日　　第27刷発行

著　者	安河内哲也
発行人	福田 富与
発行所	有限会社　Jリサーチ出版
	〒166-0002 東京都杉並区高円寺北2-29-14-705
	電話 03(6808)8801(代) FAX 03(5364)5310
	編集部 03(6808)8806
	http://www.jresearch.co.jp
印刷所	㈱シナノパブリッシングプレス
DTP	江口うり子（アレピエ）

ISBN978-4-901429-15-3　　禁無断転載。なお、乱丁・落丁はお取り替えいたします。

語学を学ぶ楽しさを発見！ Jリサーチ出版の "ゼロからスタート" シリーズ

ゼロからスタート 英単語 BASIC 1400
だれにでも覚えられるゼッタイ基礎ボキャブラリー
1冊で実用英語の基本語を全てカバー。例文は日常会話でそのまま使えるものばかり。CDは見出し語を英語で、意味を日本語で、例文を英語で収録。
成重 寿・妻鳥 千鶴子 共著　A5変型／定価1470円（税込）

ゼロからスタート リーディング
だれにでもわかる6つの速読テクニック
学校では教えてくれない速読テクニックを初めての学習者のために親切に解説。
CDは聞くだけでリーディングの学習ができる。
成重 寿 著　A5判／定価1470円（税込）

ゼロからスタート 英会話
だれにでも話せる基本フレーズ50とミニ英会話45
英会話を基礎から学習するために、ファンクション別に50の基本フレーズを、場面別に45のミニ英会話をマスターできる。CDには日本語で講義を、英語で例文を収録。
妻鳥 千鶴子 著　A5判／定価1470円（税込）

ゼロからスタート ライティング
だれにでもわかる英作文の基本テクニック
日本語を英文に書くためのプロセスを親切に解説。
スタイル編とテクニック編の2部構成。
CDには日本語講義と英語例文を収録。
魚水 憲 著　A5判／定価1470円（税込）

ゼロからスタート 英文法
だれにでもわかる鬼コーチの英語講義
実用英語に必要な英文法をカリスマ講師の講義スタイルでやさしく解説。文法用語にふりがな付き。CDは聞くだけで英文法の総復習ができるように解説と例文を収録。
安河内 哲也 著　A5判／定価1470円（税込）

ゼロからスタート ディクテーション
毎日10分の書き取り練習がリスニング力を驚異的に向上させる
リスニング力を向上させるには量より質。自分の理解できる英語を1日10分、集中して書き取る練習がリスニング力を驚異的に飛躍させる。
宮野 智靖 著　A5判／定価1470円（税込）

ゼロからスタート リスニング
だれにでもできる英語の耳づくりトレーニング
英語リスニング入門者のために書かれた、カリスマ講師によるトレーニングブック。英語が "聞き取れない耳" を "聞き取れる耳" へ改造してしまう1冊。CDには日本語で講義を、英語で例文・エクササイズを収録。
安河内 哲也 著　A5判／定価1470円（税込）

ゼロからスタート シャドーイング
だれにでもできるとっておきの「英語の耳＆口」トレーニング
話す力とリスニング力を同時に伸ばす究極のトレーニング。やさしい単語シャドーイングから最後はニュース英語までレベルアップできる構成。日常語、基本構文、会話表現も身につく。
宮野 智靖 著　A5判／定価1470円（税込）

問題集

ゼロからスタート 英文法問題集
精選300問で基礎英文法を完全マスター！
英文法攻略は問題を解くことで、しっかり身についたことを確認することができる。英文の仕組みがひと目でわかる別冊解答解説つき。
安河内 哲也 著　A5判／定価1260円（税込）

旅行英会話

旅行英会話
10のフレーズに旅単語をのせるだけでOK
単語でカンタン！
旅先で必ず使う簡単なカタカナ10フレーズに単語を置き換えれば相手に通じる。
全てのフレーズ・単語にカタカナ・ルビ付。
PRESSWORDS 著　四六判変型／定価1050円（税込）

超入門シリーズ

すぐに使える 英会話 超入門編
60の基礎フレーズを覚えればだれでも英語が話せちゃう
60の基本フレーズをCDによる繰り返し音読練習をすることでスラスラ話せるようになる。発音とリスニング力も上達。大きな文字とイラスト付。70頁なので完全消化できる。
妻鳥 千鶴子 著　B5判／定価630円（税込）

ゼロからスタート リスニングの基礎 超入門編
「英語の耳」をつくる7つのとっておきレッスン
本書は7つのレッスンで、基本的な英語の音を無理なくマスターできる。リスニング学習の入門書として内容・ボリューム・価格とも最適。
妻鳥 千鶴子 著　B5判／定価630円（税込）

英語学習法

英語学習スタートブック
英語を絶対マスターしたい人のための学習ガイド
カリスマ講師・安河内哲也先生が書いた英語勉強法。先生自身の言葉によって語りかける目からウロコの英語学習メソッドや豊富なトレーニングメニューを紹介。
安河内 哲也 著　B5判／定価840円（税込）

ビジネス英語

ビジネス英語 会話編
ネイティブにきちんと伝わる
シンプルなのにそのままネイティブに通用するフレーズ108を厳選。自己紹介・電話から商談・出張まで、全27シーンを収録。ポイント解説で、さらに使える応用表現もしっかりマスター。実際のビジネスに役立つコラムも掲載。
松井こずえ 著　A5判／定価1680円（税込）

英検

英検準2級 学習スタートブック
合格必勝のための徹底対策書！
合格のための対策メニューがひと目でわかりやすい。準2級のレベルと出題パターンを徹底解説。問題パターン別にポイントをおさえた徹底攻略公式60を完全マスター。別冊完全模試1回分と二次試験対策つき。
入江 泉 著　B5判／定価840円（税込）

英検2級 学習スタートブック
合格必勝のための学習徹底対策書！
徹底攻略ポイント25では出題の傾向と対策、そして正答のコツを、例題を解きながら具体的に伝授。別冊で完全模擬試験付。2次試験対策も収録。
入江 泉 著　B5判／定価840円（税込）

Jリサーチ出版の 新TOEIC® TEST関連書 New Version対応

TOEIC is a registered trademark of Educational Testing Service (ETS). This publication is not endorsed or approved by ETS.

1. 試験を知り、戦略を立てる
ワンポイントアドバイス　テスト形式を知り学習計画を立てよう

はじめて受ける人のための全パート・ストラテジー
新TOEIC® TEST 総合スピードマスター入門編 （CD付）
新テスト7つのパートの全貌をピンポイント解法でわかりやすく伝授。模擬試験1回分つき。正解・解説は別冊。
成重 寿／ビッキー・グラス／柴山かつの 共著
定価 1470円（税込）

はじめて受ける人のためのとっておき学習ガイド
新TOEIC® TEST 学習スタートブック ゼッタイ基礎攻略編 （CD付）
TOEICテスト対策の「3ヶ月学習プラン」と「スコアアップできるゼッタイ攻略公式」がひと目でわかる。模擬試験1回分付。
柴山かつの 著
定価 840円（税込）

2. 頻出単語をマスターしよう
ワンポイントアドバイス　オフィス英語の攻略が決め手

7つの戦略で効率的に完全攻略 頻出3000語
TOEIC® TEST 英単語スピードマスター （CD2枚付）
TOEICテスト全分野の頻出語彙3000語をTOEICスタイルの例文でマスターできる。CD2枚でリスニングにも対応。
成重 寿 著　定価 1470円（税込）

5つの戦略で効率的に完全攻略 頻出1400語
TOEIC® TEST 英熟語スピードマスター （CD2枚付）
TOEICに特徴的な英熟語を1000語に絞り込み、それを4つのレベル別に収録。頻出会話表現100もあわせてCD2枚に例文を収録。
成重 寿／ビッキー・グラス 共著　定価 1470円（税込）

確実にステップアップができる超頻出700語
TOEIC® TEST ビジネス英単語 Lite （CD付）
成重 寿 著　定価 1050円（税込）

頻出語だけをピンポイントチェック！
TOEIC® TEST 英単語・イディオム直前350
安河内 哲也 著　定価 1050円（税込）

3. 分野別に攻略しよう　リスニング・英文法・リーディング
ワンポイントアドバイス　自分の苦手な分野を知りじっくり取り組もう

はじめての受験から730点をめざせ！
TOEIC® TEST リスニング ベーシックマスター （CD付）
Part1～4で確実に得点できる8つの基本戦略をポイント解説。重要ボキャブラリーと模試（ハーフ750問）を収録。
妻鳥千鶴子・松井こずえ・Philip Griffin 共著
定価 1575円（税込）

はじめての受験から730点をめざせ！
TOEIC® TEST 英文法・語彙 ベーシックマスター
11の基本戦略でPart5&6の攻略のコツがしっかりわかる。出題傾向を徹底的に分析し、頻出語彙と問題パターンを厳選収録。
宮野 智靖著　定価 1470円（税込）

はじめての受験から730点をめざせ！
TOEIC® TEST リーディング ベーシックマスター
7つの基本戦略でPart7（読解問題）攻略のコツがしっかりわかる。時間戦略、問題の取捨、速読法など、実践的なノウハウも伝授。
成重 寿・Vicki Glass 共著　定価 1470円（税込）

1問30秒 驚異のスピード解法で900点をめざす
新TOEIC® TEST 英文法スピードマスター
頻出パターンを短時間で解く訓練が高得点につながる。著書のツボをおさえた解説が魅力。
安河内 哲也著　定価 1470円（税込）

1日2解法ピンポイント集中攻略で900点をめざす
新TOEIC® TEST リスニングスピードマスター （CD付）
リスニングパート別出題スタイル対策を20の解法でマスター。10日間学習プログラムで構成。一般リスニング学習書としても最適。
成重 寿著　定価 1575円（税込）

48問48分 PartVII 全問解答で900点をめざす
新TOEIC® TEST リーディングスピードマスター
試験必出5つの問題スタイル解法を知ることで全問解答できる。訳読式から情報サーチ型の解法を身につける。
成重 寿著　定価 1470円（税込）

4. 出題パターンに慣れる──問題を多く解こう
ワンポイントアドバイス　解答時間にこだわろう

本番のリアルな雰囲気で3回挑戦できる！
新TOEIC® TEST スピードマスター完全模試 （CD3枚付）
模擬試験3回分と詳しい解説つき。本試験と同じ問題文のレイアウト。模擬試験1回分にCD1枚対応だからCDをかければそのままテスト時間がスタート。
ビッキー・グラス 著　A4判／定価 1890円（税込）

最新出題語彙と出題パターンを完全マスター
TOEIC® TEST 完全模試W （CD2枚付）
最新の出題傾向を徹底分析。本番さながらの完全模擬試験全パート2回分を収録。スコアアップに直結する20のテクニックや最新出題語彙も掲載。
宮野智靖 監修／森川美貴子 著　定価 1470円（税込）

Part 1～4 スピードマスター900点をめざす
新TOEIC® TEST リスニング問題集 （CD2枚付）
リスニングセクションPart1～4の実戦対策問題集。完全模試3回分を実践できる。詳しい解説で解答プロセスがはっきりわかる。
ビッキー・グラス 著　定価 1680円（税込）

Part 7 スピードマスター900点をめざす
新TOEIC® TEST リーディング問題集
Part7の様々なタイプの文章をマスターするための1冊。4回分の模擬テストと解法プロセスが見える詳しい解説を掲載。
成重 寿著　定価 1470円（税込）

Part 5&6 スピードマスター900点をめざす
新TOEIC® TEST 英文法・語法問題集
TOEICテストパート5と6を4回分の問題集で完全攻略。解答・解説は別冊。重要単語1000語と頻出項目のまとめつき。
安河内 哲也・魚水 憲 共著　定価 1470円（税込）

ひと目でわかる頻出パターン　730点をめざす！
新TOEIC® TEST　英文法問題集中攻略
安河内 哲也著　定価 1260円（税込）

7日間完全マスター
新TOEIC® TEST　直前対策模試 （CD付）
柴山かつの 著　B5判／定価 840円（税込）

Jサーチ出版　〒166-0002 東京都杉並区高円寺北2-29-14-705　TEL. 03-6808-8801　FAX. 03-5364-5310　　全国書店にて好評発売中！

J新書

お手軽だけれど中身はパワフル
◉ バッグの中にすっぽり入るポケットサイズ♪
◉ どこでも気軽に読んで、しっかり語学を身につける

J新書01 確実にスコアアップができる超頻出700語
TOEIC® TEST ビジネス英単語 Lite （CD付）

TOEIC頻出のビジネス英単語攻略がスコアアップの鍵。項目ごとに関連づけて覚えることができるように工夫されている。CDには見出し語と意味・例文を収録。

成重 寿著　四六判変型／定価1050円（税込）

J新書02 スーパーダイアローグ300
ネイティブ厳選 必ず使える英会話 まる覚え

日常生活で最も頻繁に使う状況と会話例をネイティブととことん話し合い、極限まで実用性にこだわったダイアローグ300を収録。

宮野 智靖／ジョセフ・ルリアス 共著　四六判変型／定価1050円（税込）

J新書03 もう海外で泣き寝入りしない！
稲垣 収の 闘魂イングリッシュ 旅行編 （CD付）

公私にわたり海外経験豊富な著者が、様々なトラブル実話を紹介。そのトラブル遭遇場面で最も有効な英語フレーズを収録。

稲垣 収著　四六判変型／定価1050円（税込）

J新書04 「夢を実現せよ」「人を動かせ」「創造せよ」
世界のトップリーダー 英語名言集 BUSINESS

ビル・ゲイツ、ピーター・ドラッガーなど世界のビジネスリーダー人の発言を精選。経営、リーダーシップ、創造等のエッセンスがでダイレクトに伝わる。全ての名言をCDに収録。耳からも学べる。

デイビッド・セイン／佐藤 淳子 共著　四六判変型／定価1050円（税込）

J新書05 中学英語で世界中どこでも通じる
魔法の英会話 フレーズ500 （CD付）

中学レベルで日常会話必須のフレーズ500を収録。短く、覚えやすく、すぐに使える。50の会話表現パターンを習得することでさらに9倍の表現力が身につく。CDには全ての例文と意味を収録。

成重 寿／入江 泉 共著　四六判変型／定価1050円（税込）

J新書06 クイズと例文ですっきりわかる！
まぎらわしい 要注意 英単語

意味が似ている基本英単語254語の使い分けを伝授。例えば「見る」see、look、watch。状況に応じた使いけができればネイティブにきちんと自分の意志が伝わる。

牧野 髙吉著　四六判変型／定価1050円（税込）

J新書07 国際恋愛の鉄則55
男と女の LOVE×LOVE 英会話 （CD付）

出会いからデート、妊娠、出産まで、外国の異性と付き合う心がまえとスキル、そこで使う最適な会話表現とエピソードを収録。

稲垣 収著　四六判変型／定価1050円（税込）

J新書08 歴史を動かす、世界を変える、人々の心に
アメリカ大統領 英語名言集

ジョージ・ワシントンからバラク・オバマまで全歴代大統領の名言を1冊収録。格調高い英語でアメリカの歴史が手に取るようにわかる。CDには、全ての英語名言を収録。

デイビッド・セイン／佐藤 淳子 共著　四六判変型／定価1050円（税込）

J新書09 超速で英文法を総復習できる
魔法の英文法 文法ルール100 （CD付）

中学・高校で学ぶ英文法をすべて収録。ひと目で文法学習が見渡せるシンプルかつ欲張りな1冊。314の例文には全ての文法事項が盛り込まれており、音読とCD学習で文法をしっかりマスターできる。ビジュアル解説がわかりやすい。文法用語にはふりがな付き。

成重 寿／入江 泉 共著　四六判変型／定価1050円（税込）

J新書10 単語は原義でマスター
ネイティブ発想 英単語

単語が本来持っている意味とそこから派生する意味を図解整理。一つの単語を深く理解すればボキャブラリーが倍増。重要語100語を図解入りで解説。

遠藤 尚雄 著　四六判変型／定価1050円（税込）

J新書11 こだわりフレーズ290
ネイティブ厳選 日常生活英会話 まる覚え （CD付）

日常生活でよく使う、家の中での「しぐさ」や「行動」の基本的な英語表現を掲載。表現についてわかりやすい解説付き。ネイティブこだわりの290フレーズがしっかり身につく。

リサ・ヴォート 著　四六判変型／定価1050円（税込）

J新書12 相手変われば言い方変わる
敬語からスラングまでくらべてわかる英会話 リアルフレーズ450

1つの意思について、立場・関係・状況・気持ちに応じた5通りの表現を"丁寧度"表示付きで見開き併記。ネイティブスピーカーの間で実際に使われている表現のみを収録。

マイケル・クリチェリー 著　四六判変型／定価1050円（税込）

J新書13 こだわりフレーズ255
ネイティブ厳選 街の英会話 まる覚え （CD付）

ショッピング、空港、病院など"外出先"の15シーンで構成。ネイティブがこだわった"街で使える"255フレーズを収録。海外旅行先やホームステイ・海外出張で必ず役立つ1冊。

リサ・ヴォート 著　四六判変型／定価1050円（税込）

全国書店にて好評発売中！

TOEIC is a registered trademark of Educational Testing Service (ETS)

商品の詳細は [J新書] [検索] ↓または下記ホームページから

http://www.jresearch.co.jp　Jリサーチ出版

〒166-0002　東京都杉並区高円寺北 2-29-14-7C
TEL 03-6808-8801　FAX 03-5364-531